Sprachbausteine Deutsch B2

Allgemeinsprachliche Lückentexte

Frauke Rüffel

Bibliografische Information der Deutschen Nationalbibliothek:
Die Deutsche Nationalbibliothek verzeichnet diese Publikation in der Deutschen
Nationalbibliografie; detaillierte bibliografische Daten sind im Internet über http://dnb.dnb.de
abrufbar.

2. Auflage *(überarbeitet)*

© 2020 Frauke Rüffel

Herstellung und Verlag:

BoD – Books on Demand, Norderstedt

ISBN: 9783750418226

INHALT

Übungsaufgaben zu den Sprachbausteinen B2

I. Sprachbausteine nach Wortarten

II. Sprachbausteine in humorvollen Texten

III. Lösungen und Lösungsvorschläge

.

I. Sprachbausteine nach Wortarten

Aufgabe: *Lesen Sie die folgenden Sätze und entscheiden Sie, welcher Sprachbaustein in die Lücke passt.*
Gibt es ein Wörterangebot am Ende der Übungsseite, können Sie das passende Wort dort auswählen. Dabei können angebotene Sprachbausteine einmal, mehrfach oder gar keine Verwendung finden.

Präpositionen mit Dativ

- Weltweit haben etwa zwei Drittel der Menschen noch nie Schnee ....1....... ihrem Leben gesehen.
- Der Erfinder des Wortes "Jogging" soll beim Joggen ....2....... einem plötzlichen Herztod gestorben sein.
- Eier explodieren ....3....... der Mikrowelle.
- 2011 wurden ....4....... Wissenschaftlern 100 Papierflieger ....5....... dem deutschen Territorium in 37 km Höhe abgeworfen, die später in Kanada, den USA, Australien und Südamerika gefunden wurden.
- ....6....... Island gibt es keine Ameisen.
- Menschen können nicht ....7....... offenen Augen niesen.
- Es hat Menschen gegeben, die starben, weil sie ....8....... einem brennenden Haus ihr Handy retten wollten.
- Das soziale Netzwerk Facebook hat vordergründig die Farbe Blau, da sein Gründer Mark Zuckerberg ....9....... einer Rot-Grün-Sehschwäche leidet.
- Es entbrannte ein Streit ....10....... den Kraftsportlern ....11....... der Frage, welcher Muskel des Menschen am stärksten sei. (Natürlich der Kaumuskel.)
- Wenn wir uns morgen ....12....... dem Aufstehen ....13....... dem Frühstück messen, werden wir feststellen, dass wir bis zu drei Zentimeter größer sind als ....14....... heutigen Abend.
- ....15....... der Geburt eines Menschen wachsen die Fingernägel und sie könnten ....16....... Laufe eines Lebens die Länge von 25 Metern erreichen.
- Nach einer repräsentativen Studie leiden 12 Millionen Menschen in Deutschland ....17....... der Nikotinsucht. ....18....... der Nikotinsucht sind auch die Alkohol- und Medikamentensucht alarmierend.
- Früher glaubten die Menschen daran, dass Wäschewaschen ....19.............. Weihnachten und Neujahr Pech und Unglück bringe.
- Selbstfahrende Rollstühle stoßen ....20.............. Krankenhäusern und Flughäfen auf großes Interesse.

BEI	VON	SEIT	VOR	ZU
NACH	MIT	ZWISCHEN	AUS	NEBEN
UNTER	AUF	IN/ IM	ÜBER	AN/ AM

Präpositionen mit Dativ

- Skandinavische Länder haben ein Kreuz ......1...... ihrer Staatsflagge.
- In der alten Burg hörte man nichts ......2...... dem Heulen des Windes und dem Knarren der Türen.
- Laut einer aktuellen Umfrage leiden Frauen stärker ......3...... der Hitze als Männer.
- Da die Beschäftigung ......4...... den Sternen ......5...... seinen beliebtesten Freizeitaktivitäten gehört, beobachtet er sie oft nachts.
- Manche Menschen leiden ......6...... einer Anatidaephobie, der Angst, ...7...... einer Ente beobachtet zu werden.
- Das Umweltbundesamt kümmert sich um die Vermeidung und Beseitigung ......8...... Beeinträchtigungen der Umwelt.
- Ich verzichte ......9...... diesem Winter auf eine Heizung , kaufe Energiesparlampen und benutze eine Zahnbürste ......10...... nachwachsenden Rohstoffen.
  Das ist mein Beitrag ......11...... Nachhaltigkeit.
- Wenn Ihr Leitungswasser den Geruch ......12...... faulen Eiern verbreitet, dann hat sich wahrscheinlich Schwefelwasserstoffgas gebildet.
- Dänische Forscher arbeiten an Chips, die nicht ......13...... der Kartoffel, sondern ......14...... der Qualle hergestellt werden.
- Wenn die Jeans spannt, muss man nicht zwingend ......15...... dem Essen aufhören, sondern man kann den Jeansbund dehnen, indem man die Jeans ......16...... feuchten Zustand über einen Kleiderbügel spannt und sie dann ......17...... der Luft trocknen lässt.
- Den Euro gibt es als Bargeld ......18...... dem 1. Januar 2002.
- Johannes Gutenberg aus Mainz revolutionierte den Buchdruck etwa ......19...... der Mitte des 15. Jahrhunderts, als er die Druckerpresse und bewegliche Bleiletter erfand.

AUF	VON	SEIT	IN/ IM	AUS
UNTER	MIT	AUSSER	ZU/ ZUR	AN

Präpositionen mit Dativ

- Die Ängste der Menschen wie beispielsweise die Angst ....1...... Hühnern oder die Angst vor anderen Meinungen können seltsam sein, aber sie beruhen oft ......2...... schlechten Erfahrungen in der Kindheit.

- In den Großstädten Deutschlands gibt es eine große Nachfrage ....3...... Wohnraum.

- Die Kinder bedankten sich ......4...... ihrem Lehrer ......5...... einem selbstgebackenen Kuchen.

- Sollten Sie sich ....6...... einer Ausbildung entschließen, sollten Sie unbedingt vorher einen B2-Sprachkurs absolvieren.

- Fertigprodukte, große Portionen und unregelmäßige Mahlzeiten können ....7...... einem Übergewicht führen.

- Dass sich die Teilnehmer während ihrer Fahrschule nicht wohlgefühlt haben, lag ....8...... der Unfreundlichkeit und Inkompetenz des Fahrlehrers.

- Mein Freund ist ....9...... seiner Lebenssituation unzufrieden, obwohl er über ein großes Vermögen verfügt.

- Die Beschäftigung ....10...... Handarbeiten, so eine Studie, sei gut für Frauen, denn sie würden sich dadurch jünger und seelisch ausgeglichener fühlen.

- Deutsche Tomaten unterscheiden sich oft durch Geschmacklosigkeit ....11...... anderen Tomaten.

- In Alaska werden die Autofahrer auf den menschenleeren Straßen ....12...... einem Warnschild gewarnt, auf dem steht, dass weitere Warnschilder fehlen.

- Die besten Filme beruhen meist ....13...... einer wahren Begebenheit, die so oder so ähnlich irgendwo tatsächlich passiert ist.

- ....14...... der Klimakonferenz von Paris im Jahr 2015 gab es den Beschluss ......15...... Klimaerwärmung, die globale Durchschnittstemperatur bis ....16...... Ende des jetzigen Jahrhunderts nicht mehr als zwei Grad Celsius ....17...... Vergleich zum vorindustriellen Niveau steigen zu lassen.

- Es war ein Anliegen der 16-Jährigen Klimaaktivistin Greta Thunberg, ...18...... ihren Aktionen ....19...... Klimaschutz beizutragen.

- Wer war 2008 ....20...... der Finanzkrise in Deutschland schuld?

8

Präpositionen mit Akkusativ

- Eine Armee zur Wahrung der territorialen Souveränität scheint nicht immer notwendig zu sein, denn es soll derzeit 36 Länder in der Welt geben, die ....1....... militärische Streitkräfte auskommen.

- 1961 ist der Fliegermajor Juri Alexejewitsch Gagarin als erster Mensch mit einem bemannten Raumschiff ....2....... den Weltall geflogen.

- Die Mehrheit der PC-Nutzer in Deutschland interessiert sich ....3....... eine neue Software, die einen hohen Schutz ....4....... den Computer vor Hackern und versteckten Bedrohungen bietet.

- Der 17. Oktober ist der Internationale Tag ....5....... die Beseitigung der Armut. Er wurde 1992 von den Vereinten Nationen eingeführt und setzt ein Zeichen im Kampf ....6....... unmenschliche Lebensverhältnisse.

- Immer mehr junge Menschen gehen ....7....... die Großstädte, um dort zu arbeiten und zu leben. Sie entscheiden sich ....8....... das Stadtleben, weil es dort coolere Jobangebote gibt und sie sich ....9....... ein großes Kulturangebot freuen können.

- Denkst du ....10....... den Geburtstag deiner Kollegin, die ....11....... ihre Familie feiern muss?

- Seine Freundin möchte das Geld ....12....... einen Urlaub investieren. Sie verlässt sich ....13....... dich, dass du ein Hotel buchst, dass am Bodensee, dem mit Abstand größten Gewässer Deutschlands, liegt.

- Alkohol gelangt ....14....... die Blutbahn ins Gehirn und wirkt sich ....15....... die Wahrnehmung und das Verhalten eines Menschen aus.

- Viele Sänger haben mit einem Lied ihren Protest ....16....... soziale und politische Missstände in ihrem Land zum Ausdruck gebracht.

- Eine Verbesserung der Lebensqualität vieler Senioren wurde ....17....... bessere medizinische Versorgungs- und Behandlungsmöglichkeiten erzielt.

- In der Beschwerde geht es ....18....... die Erstattung der Reisekosten.

AUF	ÜBER	FÜR	GEGEN	BIS
UM	OHNE	IN	DURCH	AN

9

Präpositionen mit Akkusativ

- Interessieren Sie sich ....1....... Märchen? In sehr vielen Märchen gerät ein guter Mensch ....2....... eine schwierige Situation, aus der er sich ....3....... eigene Kraft oder mit Hilfe anderer befreien kann.

- Die Haarspülung ....4....... Schuppen muss man ....5....... in die Haarspitzen verteilen und fünf Minuten einwirken lassen.

- ....6....... die Einzigartigkeit des Menschen spricht, dass er aus emotionalen Gründen weinen kann.

- Im Hinblick ....7....... seine Arbeitsweise gibt es keinen Anlass zur Kritik.

- Die positiven Ergebnisse beziehen sich ....8....... die aktuelle Studie.

- Nicht jeder ist ein Freund der Werbung, aber Werbung ist ....9....... das Grundgesetz geschützt.

- Lästige Fruchtfliegen schmuggeln sich ....10....... unsere Einkaufstüten oder fliegen von draußen ....11....... unsere Wohnung hinein, weil wir dort reife Äpfel und Bananen lagern. ....12....... den Essiggeruch, den sehr reifes Obst verbreitet, werden die Fruchtfliegen angelockt, denn ....13....... Fruchtfliegen ist dieser Geruch köstlich.

- Starten Sie einen Selbstversuch und führen Sie eine Zeit lang ein Leben ....14....... Handy!

- Einige Kunden beschwerten sich ....15....... die Werbekampagne ihres Supermarktes. Sie waren empört ....16....... die Idee, nackte Frauen auf Plakaten abzubilden, um ....17....... einen Gemüseeinkauf ohne Verpackung zu werben.

- Auch wer nicht ....18....... seine Backkunst bekannt ist, kann einen leckeren Pound cake zaubern. Das ist ein Rührkuchen, der ursprünglich aus Großbritannien kommt. ....19....... diesen Kuchen sind nur einfache Zutaten wie Mehl, Zucker, Butter und Eier notwendig.

- Da es Hunderte Varianten von Smartphones gibt, ist ein Kauf eines Smartphones ....20....... fachliche Beratung leichtsinnig.

- Gönnen Sie sich einen Kurztrip ....21....... die Nordsee.

- Voller Stolz ....22....... seine Familie präsentierte er die Familienfotos.

AUS	AUF	FÜR	AN	BIS
ÜBER	GEGEN	IN	DURCH	OHNE

Präpositionen mit Akkusativ

- Eine gute Idee ....1....... den Grillabend wäre die Zubereitung von Lammfleisch und einer Kräutermarinade.

- Tiere haben sich im Verlauf der Evolution optimal ....2....... ihren Lebensraum angepasst. Da ein Regenwald einen sehr speziellen Lebensraum ....3....... Lebewesen darstellt, haben viele ein ungewöhnliches Aussehen.

- In Bezug ....4....... die Mediennutzung spielt die Familie und die Gestaltung des Familienlebens in der Kindheit eine wichtige Rolle.

- Es kommt ....5....... die Motivation der jungen Leute an, wie sie die Herausforderungen ihres Studiums bewältigen.

- Achten Sie ....6....... das Qualitätssiegel, wenn Sie Honig kaufen.

- Der Nachbar war sehr wütend ....7....... seinen Sohn, weil er mit seinem Auto in den Urlaub gefahren ist, ohne ihn zu fragen.

- Eine Frau beschwerte sich bei ihrem Reiseveranstalter ....8....... ihren Cluburlaub und erwartete, dass ein Animateur entlassen wird. Der Grund ....9....... Ihre Beschwerde war, dass der Animateur, in den sie sich das Jahr zuvor verliebt hatte, nun eine neue Freundin hatte. ....10....... diese Situation war sie sehr verärgert.

- Der Hausmeister ging ....11....... die Sporthalle und sah dort das kaputte Fenster.

- Eltern sind stolz ....12....... ihre Kinder, wenn sie ihre Erwartungen erfüllen oder sogar übererfüllen.

- Im Leben eines Menschen ist es wichtig, ...13....... sich selbst zu glauben, weil man ....14....... diesen Glauben wichtige Chancen ungenutzt lässt.

- Laut einer Studie seien ....15....... die Sichtweisen der Menschen, die an eine Verschwörungstheorie glauben, die Nachteile der Bürokratie verantwortlich. Die Wahrnehmung, dass etwas nicht stimmt, sei ....16....... ihr ganzes Leben prägend.

- Im Kindersport kommt es sehr ....17....... den Führungsstil des Trainers an, denn er entscheidet ....18....... die Prioritäten seines Trainings.

Präpositionen mit Genitiv

- ......1...... des Salzgehaltes der Meere gibt es große Unterschiede. Das Tote Meer im Nahen Osten hat einen sehr hohen Salzgehalt, sodass man ......2...... des Schwimmens auch problemlos eine Zeitung lesen kann.

- Mit einer Studie konnte bewiesen werden, dass die Zuschauer eines Sportspiels den Spielstand ......3...... der Körpersprache ablesen können.

- ......4...... der Schwere der Verletzung wurde der Patient in eine Spezialklinik geflogen.

- Um unseren Körper vor Infektionen zu schützen, können wir ......5...... teurer Antibiotika aus der Apotheke auch Honig, Oregano, Knoblauch, Essig oder Kurkuma verwenden.

- ......6...... der Fußballweltmeisterschaft der Frauen führte die Saarbrücker Zeitung eine nicht repräsentative Umfrage durch, um die Frage zu klären, ob jemand den Erfolgen der Fußballerinnen bei dieser WM überhaupt Beachtung schenke.

- Das Radrennen durch die historische Altstadt wurde ......7...... der schlechten Wetterlage nicht abgesagt.

- Im nächsten Jahr entsteht ......8...... des Bahnhofs ein Seniorenheim mit 200 Betten.

- ......9...... einer Studie der Bundesregierung leben ca. 13 Millionen in Deutschland ......10...... der Grenze zur Armut. ......11...... eines Nettoeinkommens von 781 Euro würden alleinstehende Personen als arm gelten, da die Lebenserhaltungskosten in Deutschland sehr hoch sind.

- Viele Studenten suchen sich einen Job, um etwas Geld neben dem Studium zu verdienen, jedoch dürfen Studierende ......12...... der Vorlesungszeit nur maximal 20 Stunden pro Woche arbeiten.

- Der Einbrecher nahm ......13...... des Geldes nur ein altes Gemälde mit.

- Alle vier Minuten erfolgt in Deutschland ein Einbruch. ......14...... einer Statistik konnte man feststellen, dass 80 Prozent der Einbrüche zwischen 8 und 22 Uhr passieren.

UNWEIT	BEZÜGLICH	ANLÄSSLICH	WEGEN	UNTERHALB
LAUT	ANHAND	ANSTELLE	TROTZ	WÄHREND

12

Präpositionen mit Genitiv

- Der Junge bekam ....1....... seiner schlechten Schulnoten keinen Schulabschluss.
- ......2....... seiner musischen Begabung machte er eine unglaubliche Karriere als Sänger einer Band.
- Als Hooligan wird im deutschen Sprachgebrauch eine Person bezeichnet, die ......3....... und ....4....... eines Fußballspiels ein aggressives und gewaltbereites Verhalten zeigt.
- In diesem Jahr macht die Familie in einem schönen mittelalterlichen Dorf ....5....... von Paris Urlaub.
- Obwohl er viel gesündigt hatte, wollte er trotzdem nicht ....6....... seines Todes beichten.
- Die Vorstandsvorsitzenden der Vereine trafen sich ....8....... Vertragsunterzeichnung.
- ......9....... des Weges wuchsen prächtige Bäume, deren Laub im Herbst einen farbenfrohen Teppich bildete.
- Die junge Mutter suchte die Ruhe ....10....... des Trubels, um ihr Kind zu stillen.
- ......11....... meines Selbstvertrauens habe ich mein berufliches Ziel erreicht und mich selbstständig gemacht.
- Die Mitarbeiter wollten nicht akzeptieren, dass sie nur ....12....... der Arbeitszeit ihr Handy benutzen dürfen.
- ......13....... der langen Schlange an der Theke verging ihm die Lust auf ein kühles Bier.
- Da manche Firmen keine geeigneten jungen Bewerber für eine Ausbildung finden, bilden sie Menschen ....14....... der Vierzig aus.
- Der Erdteil Afrika liegt ....15....... des Äquators.
- Medizin sollte man ....16....... der Reichweite von Kindern aufbewahren.

AUFGRUND   INNERHALB   SÜDLICH   BEIDERSEITS   AUSSERHALB

ANGESICHTS   ZWECKS   ABSEITS   DANK   JENSEITS

Präpositionen mit Genitiv

- In einem deutschen Strafprozess wird ....1....... des Angeklagten entschieden, wenn das Gericht Zweifel an der Schuld dieser Person hat.
- ....2....... seiner Auslandsreise in ein Malariagebiet durfte er aus Sicherheitsgründen nicht an der Blutspende teilnehmen.
- ....3....... der Globalisierung erhöhte sich der Wettbewerb zwischen den Unternehmen und führte schließlich zur Schließung von Firmen, Standortverlagerungen und Verlusten von Arbeitsplätzen.
- Das alte Haus ....4....... der Straße steht seit einer Woche zum Verkauf.
- ....5....... des Gedränges fand ich endlich meinen kleinen Bruder.
- Bei hartem Wasser wird für das Bügeln der Kleidung die Verwendung von destilliertem Wasser ....6....... Leitungswassers empfohlen.
- Es gibt auch eine Menge attraktiver Angebote für Besucher, die Berlin ....7....... der Touristenpfade erkunden wollen.
- Der Schäfer stand ....8....... seiner Schafherde und zählte die Tiere.
- Der Stromverbrauch ....9......... Deutschlands ist in den 90er Jahren gestiegen, doch dieser Trend setzt sich ....10....... des Energiekonzeptes der Bundesregierung nicht fort.
- ....11....... eines Leistungstests soll das mathematische Wissen der Kinder geprüft werden.
- Als der Arzt damals sein Studium begann, lag die Position des Leiters einer Herzklinik ....12....... seiner Vorstellungskraft.
- Bei einem medizinischen Notfall kann man ....13....... einer Notfall-Hilfe-App schnell und einfach Hilfe anfordern und wichtige Sofortmaßnahmen der Ersten Hilfe einleiten.
- Der diesjährige Ausflug der Kollegen mit dem Dampfschiff auf der Elbe muss leider ....14....... schlechter Wetterprognosen verlegt werden.
- Der Zuschauer hatte ein Gefühl, als ob er sich ....15....... des Geschehens befände.
- Das kleine Fischerdorf auf Korfu lag ....16....... der touristischen Strände.
- Er konnte ....17....... deiner Bemühungen einen Ausbildungsplatz finden.

AUFGRUND	MITHILFE	ABSEITS	INNERHALB	ZUGUNSTEN
DANK	INFOLGE	JENSEITS	STATT	INMITTEN

14

Präpositionen mit Genitiv

- ....1....... eines Streiks der Piloten verpasste der Geschäftsmann seinen Termin.

- ....2....... einer Minute schicken heute Nutzer des Internets etwa 3,8 Millionen Suchanfragen an die bekannte Internet-Suchmaschine Google.

- Seit 1896 gilt übrigens die Vorschrift, dass ....3....... eines Fußballfeldes kein Baum stehen darf.

- ....4....... einer Minute werden von YouTube-Nutzern 4,5 Millionen Videos gesehen.

- Katzenliebhaber, die ins Gefängnis müssen, sollten im bekannten Indiana Staatsgefängnis in den USA ihre Strafe absitzen, denn ....5....... dieses Gefängnisses darf man Katzen halten.

- ....6....... teurer Haarfärbemittel sollte man über alternative Färbemittel nachdenken. Randen, auch Rote Bete genannt, eignen sich hervorragend.

- ....7....... eines Gendefektes können Katzen nichts Süßes schmecken.

- Für einen leichten Sonnenschutz kann man ....8....... einer handelsüblichen Sonnencreme auch eine Schokoladencreme benutzen, denn die Schokoladencreme namens Nutella hat einen Lichtschutzfaktor von 9,5.

- ....9....... des Alkohols gibt es interessante Fakten. Menschen mit blauen Augen haben zwar eine höhere Toleranzschwelle, aber neigen häufiger zu einem Alkoholmissbrauch.

- Wussten Sie, dass ....10....... der Logos einiger bekannter Markenprodukte eine Botschaft versteckt ist?

- ....11....... der mangelnden Biologiekenntnisse der Schüler verwundert es nicht, dass viele nicht wissen, dass die Banane eine Beere ist.

- Die Fahrgäste der U-Bahn in Mexiko Stadt können ....12....... Gewichtsabnahme mit 10 Kniebeugen vor dem Ticketschalter bezahlen.

- ....13....... einer polnischen Studie wissen wir jetzt, wie ein Mensch auf andere wirkt, wenn er lächelt. In einigen Ländern wirke es dümmlich, aber ....14....... Deutschlands wirke es intelligent.

- Es gibt 221 Länder mit einer Besonderheit, den Verkehr betreffend. ....15....... dieser Länder wird auf den Straßen nur links gefahren.

- ....16....... der Eltern gab es ....17....... der Klassenfahrt keine Bedenken.

15

Präpositionen - Mix

- Menschen können eine Katzenallergie haben, aber Katzen können auch allergisch ......1...... Menschen reagieren.

- Es gibt ein Lebewesen, das in Bezug ......2...... seine Größe einmalig ist. Der Honigpilz bedeckt im Bundesstaat Oregon eine Fläche von ca. 809 Hektar. ......3...... Schätzungen ist er mehrere Tausend Jahre alt. Leider ist dieser Pilz ......4...... das Sterben vieler Bäume verantwortlich.

- Ein interessantes Schulprojekt namens „Teller statt Tonne" möchte ......5...... die Lebensmittelverschwendung der Menschen in Deutschland aufmerksam machen.

- Ein Mann ......6...... einer Körpergröße von 2,51 Metern und der Schuhgröße 60 soll der größte Mensch der Welt sein.

- Was wir mit hoher Sicherheit ......7...... den Klimawandel wissen, kann man im Internet nachlesen.

- Viele Menschen interessierten sich ......8...... eine Anleitung zum Unglücklichsein, denn das gleichnamige Buch des Schriftstellers Paul Watzlawick wurde ein Bestseller.

- Drei Fahrzeuge sind schon ......9...... unserem Mond gefahren und parken dort wahrscheinlich für immer.

- Wenn man ......10...... einer wunderschönen Reise träumt, bei der man ein großes Angebot ......11...... kulturellen und sportlichen Veranstaltungen nutzen will, sollte man sich fachmännisch beraten lassen.

- Zur traditionellen Kleidung in Japan gehört ein Kimono, der meist aus Seide gefertigt wird und dessen Ärmel ......12...... den Schultern ......13...... zum Knöchel reichen.

- Zu Beginn der Arbeit in einem multikulturellen Team wird man so manche Unterschiede ......14...... Umgang miteinander feststellen. Vielleicht staunen Ausländer ......15...... die deutsche Arbeitskultur und deren Eigenheiten.

- In den 80er Jahren gehörte das Handy und das Internet noch nicht ......16...... den alltäglichen Kommunikationsmitteln, deshalb sehnen sich wieder viele Leute ......17...... dieser Zeit.

- ......18...... Lesen laufen in unserem Gehirn komplexe Prozesse ab, bei denen auch unser Wissen und unsere Emotionen eine Rolle spielen.

- Das Immunsystem wird ......19...... des Schlafens gestärkt.

Modaladverbien

- Als der Einbrecher sich Zugang zur Wohnung verschaffte, war die Familie ....1.............. nicht zu Hause. Gott sei Dank!

- Die Umweltfreundlichkeit eines Elektroautos ist unbestritten, aber dennoch ist seine Anschaffung ....2.............. teuer.

- Der Nachrichtensprecher hat ....3.............. vergessen, den Hintergrund der Straftat zu erwähnen. Das war sehr ärgerlich.

- Im letzten Sommer war es ....4.............. heiß, sodass wir uns eine Klimaanlage gekauft haben, um die eigenen vier Wände auf eine erträgliche Temperatur abzukühlen. Das war ....5.............. nicht lustig.

- Weil das Baby die ganze Nacht geschrien hat, habe ich ....6.............. geschlafen.

- Meine Tochter hat noch keinen Berufswunsch, ...7.............. wird sie nicht Restaurantfachfrau wie ihre Mutter. Dann hat sie nie frei.

- Ich würde dich ja anrufen, aber ....8.............. habe ich kein Handy dabei.

- Du solltest im Krankenhaus anrufen, ...9.............. ist noch ein Termin frei.

- Die Suche nach Fossilien im alten Steinbruch war ....10.............. ein voller Erfolg. Sieh doch die strahlenden Kinderaugen!

- ....11.............. habe ich meine Prüfung nicht bestanden, sodass eine Bewerbung als Krankenpfleger nicht möglich ist.

- Ich habe die Einladung gestern erhalten und nehme natürlich ....12.............. an der Besprechung teil, denn ich habe noch wichtige Fragen zu unserem Projekt.

- Im Kino schaut er ....13.............. Abenteuerfilme. Außerdem mag er ....14.............. spannende Actionfilme.

- Könnten wir ....15.............. nach dem Test eine Pause machen?

GLÜCKLICHERWEISE	LEIDER	BESONDERS	DUMMERWEISE
VIELLEICHT	NATÜRLICH	GERN	HOFFENTLICH
AM LIEBSTEN	KAUM	EVENTUELL	ECHT

Modaladverbien

- Die neue Lehrerin ist ....1.............. nett und im Unterricht sehr streng. Das finde ich gut, aber meine Tochter sieht das bestimmt ....2.............. anders.

- Man hört immer wieder, dass es ....3.............. einfach sei, einen Hund zu erziehen. Deshalb sollte man eine Hundeschule kontaktieren.

- Die Einladung zum Vorstellungsgespräch kam ....4.............. schnell. ....5.............. braucht diese Firma dringend Mitarbeiter.

- Ich freue mich auf ein gutes Essen bei unseren Freunden. ....6.............. gibt es kein Fleisch, denn ich bin doch Veganer.

- Die neue Comedy-Serie im Fernsehen war ....7.............. amüsant.

- ....8.............. hattest du mit deiner Meinung recht, dass der Bus heute früher fährt. Ich hätte ihn ansonsten wohl verpasst.

- Aufgrund meiner Grippeerkrankung muss heute das Handballtraining ....9.............. ausfallen. Ich bleibe im Bett.

- Unser Chef ist seit zwei Wochen krank. Ich habe gehört, dass er ....10.............. an Herzproblemen leidet.

- Ich tanze ....11.............. nach traditioneller Musik.

- Du hattest recht. Es ist ....12.............. ein Brief gekommen.

- Der Kunde kauft nicht ....13.............. verschmutzte Ware.

- Ein Konstruktionsfehler als Ursache für den Flugzeugabsturz kann ....14.............. nicht ausgeschlossen werden.

- Nach dem Unfall soll der Fahrer des Autos ....15.............. ansprechbar gewesen sein. Er hatte wohl einen Schock.

- Kennst du ....16.............. die anderen Kandidaten, die sich auf die Stelle beworben haben?

- Die polizeilichen Ermittlungen haben ergeben, dass der Täter ....17.............. die Wahrheit gesagt hat.

- Für das Konzert gibt es ....18.............. noch Restkarten.

TATSÄCHLICH	HOFFENTLICH	WAHRSCHEINLICH	GERN
TOTAL	ZWEIFELLOS	ÜBERHAUPT NICHT	KAUM
LEIDER	EIGENTLICH	UNGEWÖHNLICH	ECHT

18

Modaladverbien

- Das Brautpaar war während der Vermählung im Standesamt
  ....1............... aufgeregt.
- Aufgrund der schlechten Witterung musste der Skiwettkampf
  ....2............... abgebrochen werden.
- Kannst du ....3............... heute die Kinder aus der Kita abholen?
  Du hast doch einen Termin beim Augenarzt.
- Ich freue mich wahnsinnig auf den Urlaub. ....4............... würde
  ich sofort die Koffer packen.
- Frau Müller ist eine zuverlässige Sekretärin, die ....5...............
  noch extrem gut aussieht.
- Laut neusten Erkenntnissen einiger Experten sei es
  ....6............... unwahrscheinlich, dass eine elektronische
  Zigarette zu erheblichen gesundheitlichen Problemen führe. Die
  Berichterstattung über die E-Zigarette sei in den Medien oft
  ....7............... falsch und halte den Raucher ab, die
  elektronische Zigarette als gesündere Alternative zum Rauchen zu sehen.
- Die Interpretation des Gedichtes stellte sich als sehr schwierig heraus,
  aber man hätte sie ....8............... versuchen können.
- Rauchen ist eine vermeidbare Todesursache. ....9...............
  sterben daran im Jahr etwa 700.000 Menschen in Europa.
- Wenn an der Börse die Kurse steigen, die Gewaltbereitschaft der Leute
  zunimmt und Singles erfolgreicher flirten, dann liegt das
  ....10............... am Wetter. Das bestätigen
  ....11............... mehrere Studien. Die Menschen genießen
  ....12............... Sonnenschein und angenehme Temperaturen.
- Bundeskanzlerin Angela Merkel wurde in Hamburg geboren.
  ....13............... wuchs sie in der DDR auf.
- Der Autor verbrachte seine Kindheit ....14............... in
  Südamerika.

JEDOCH	ALLERDINGS	UNWAHRSCHEINLICH	AM LIEBSTEN
EHER	GRÖSSTENTEILS	BEDAUERLICHERWEISE	AUSSERDEM
SOGAR	ÜBERHAUPT	WENIGSTENS	BESTIMMT

Temporaladverbien

- Es hat ....1............... an der Tür geklingelt. Öffnest du die Tür?
- Ich habe gerade eine fantastische Idee. Wir könnten heute Abend in das Restaurant essen gehen, in dem wir ....2............... so extrem gut gespeist haben.
- ....3............... war dein Freund bei uns und hat eine Einladung zur Hauseinweihung gebracht.
- Es war ....4............... eine schöne Prinzessin. So beginnen viele Märchen.
- Vor zwei Wochen war ihre Scheidung. ....5............... muss sie die Erziehung ihrer Kinder allein übernehmen.
- ....6............... ist es nicht einfach, einen guten Hausarzt zu finden.
- Der Sprecher des Wetterberichtes verkündete, dass ....7............... mit einem Schneesturm zu rechnen ist.
- Am Wochenende erhielt er die Nachricht seines Bruders, in der stand, dass er ....8............... ein eigenes Geschäft gründet.
- Ich gehe ....9............... zum Elternabend. Kannst du bitte die Kinder ins Bett bringen?
- Ich habe gleich einen Termin beim Zahnarzt, doch ....10............... muss ich die Zähne putzen.
- Du hast um 10 Uhr einen Termin mit dem Vertreter des Betriebsrats. Hast du ....11............... Zeit für einen Kaffee?
- Sind Sie ....12............... fertig mit der Montage der Büromöbel?
- ....13............... gehört der Knollenblätterpilz zu den giftigsten Pilzen. Die Verwechslung des Pilzes mit einem Champion kostete meinem Bekannten ....14............... fast das Leben, denn der Pilz hat eine organschädigende Wirkung. Die Ärzte konnten ihn zwar retten, aber seine Leber ist ....15............... geschädigt.

VORHIN	GLEICH	NEULICH	VORHER
SCHON	EBEN	HEUTZUTAGE	NUN
DEMNÄCHST	BALD	EINMAL	NOCH

20

Kausaladverbien

- Der Kopf tut mir weh, der Rücken schmerzt und die Fußsohlen brennen. ....1............... geht es mir aber gut nach diesem Marathon.

- Der Schriftsteller schreibt in seinem Arbeitszimmer an seinem Roman. ....2.............. möchte er gestört werden.

- Meine Familie stammt aus Polen. ....3.............. lieben wir Piroggen, gefüllte Teigtaschen.

- Unsere Lehrerin ist leider an einer Vireninfektion erkrankt. Der Unterricht muss morgen ....4.............. ausfallen.

- Du musst jeden Tag Deutsch sprechen. ....5.............. lernst du die Sprache nie.

- Andre sitzt zu Hause und lernt, weil er ....6.............. morgen eine Prüfung hat.

- Herr Hato hatte einen Unfall mit seinem Auto. ....7.............. ist die Rechnung der Werkstatt besonders hoch.

- Ich habe zwar kein Talent zum Singen, ...8.............. singe ich gern.

- Der neue Spieler muss am Wochenende unbedingt eingesetzt werden. ....9.............. verlieren wir unser Fußballspiel.

- ....10.............. werde ich deine schlechten Noten in der Schule akzeptieren, denn die Ursache dafür ist deine große Faulheit.

- Es gab einen Unfall auf der Strecke. ....11.............. kommt es zu einer Zugverspätung.

- Jimmy Hendrix war ein absoluter Autodidakt und konnte keine Noten lesen, ...12.............. wurde er einer der kreativsten und einflussreichsten Musiker des 20. Jahrhunderts.

- In Litauen trinkt man pro Einwohner über 15 Jahren etwa 18 Liter reinen Alkohol im Jahr. Da weltweit keiner mehr trinkt, ist ....13.............. Litauen das Land mit dem höchsten Alkoholkonsum.

- Mutter ist eine schlechte Köchin. ....14.............. kocht sie oft.

- Geh bitte zu deinem Vater! Er hat ....15.............. einen Vorschlag.

ALSO	NÄMLICH	ANSONSTEN	DARUM	DEMZUFOLGE
TROTZDEM	DAHER	DENNOCH	DESWEGEN	KEINESFALLS

Pronominaladverbien

- Laut einer Neuregelung der Bundesregierung sind Behörden berechtigt, den Wohnort von bereits anerkannten Flüchtlingen für drei Jahre festzulegen. Die Teilnehmer des Sprachkurses hatten ....1............... diskutiert.

- Eigentlich soll man nicht lügen, aber einige Finnen und Briten freuen sich ....2............... , an einer Meisterschaft im Lügen um den besten Platz zu kämpfen.

- In der nächsten Woche gibt es einen Streik der Busfahrer. Zehntausende Pendler sind ....3............... betroffen.

- Die Lachmesse in Leipzig ist ein großes Humor- und Satire-Festival in Deutschland. Seit 1991 nehmen ....4............... jedes Jahr viele namhafte Künstler aus Europa teil.

- Anlässlich der Hochzeit meines Freundes backe ich eine Torte. ....5............... benötige ich Unmengen an Marzipan.

- Jedes Jahr findet in Marshwood in Großbritannien eine Weltmeisterschaft der besonderen Art statt. Frauen und Männer machen ein Brennnessel-Wettessen. Weltweit wird ....6............... in den Medien und sozialen Netzwerken berichtet.

- Das Arbeiten mit der Kettensäge ist nicht ungefährlich. Nicht umsonst soll man eine Schutzkleidung, Handschuhe und Schutzbrille tragen. ....7............... solltest du lieber die Finger lassen.

- Wenn ich die Prüfung nicht bestehe, muss ich sie wiederholen und kann in diesem Jahr nicht meine Berufsausbildung beginnen. ....8............... habe ich echt Angst.

- Viele Wohnungen sind zu klein. ....9............... kann man nichts ändern, aber mit den richtigen Einrichtungsideen lassen sich echte Raumwunder schaffen.

- Bambus aus Ghana ist das Material, aus dem ein Fahrrad in Kiel gebaut wird. ....10............... kannst du sportlich unterwegs sein und gleichzeitig etwas für die Nachhaltigkeit tun.

- Martin könnte studieren, aber ....11............... will er nichts wissen.

DAVON	DARÜBER	DARAUF	DARAN
DAFÜR	DAMIT	HIERÜBER	DAVOR

© 2020 Frauke Rüffel

Adverbien - Mix

- Beim Tanzen bewegen wir uns rhythmisch und setzen dabei Glückshormone frei. ....1.............. ist Tanzen gesund.

- Wenn ....2.............. eine neue Auflage des Buches erscheint, kaufe ich es.

- In den nächsten Monaten müssen wir fleißig Geld sparen. ....3.............. können wir die geplante Reise nicht bezahlen.

- Ich weiß, dass Sie im gleichen Unternehmen wie mein Mann gearbeitet haben. ....4.............. kennen Sie ihn.

- Frau Kant ist auch krank. ....5.............. kann sie den Kollegen Lambert nicht vertreten.

- Der Arzt hat mir eine Gewichtsreduzierung empfohlen. ....6.............. mache ich eine Diät.

- Trotz deines Verbotes habe ich dein Tagebuch gelesen. Es war ....7.............. wenig aufschlussreich und eher langweilig.

- Ständiges Wassertrinken sei nach Ansicht vieler Ärzte nicht notwendig, denn der Körper kenne seine Bedürfnisse. ....8.............. reiche es, nur bei Durst zu trinken.

- Der Fußweg ist morgen früh ....9.............. glatt, weil keiner Sand streut, obwohl es nachts schneien soll.

- Im letzten Sommer war die Niederschlagsmenge in manchen Regionen ....10.............. niedrig. Das lag an der globalen Erwärmung. Die anhaltende Trockenheit führte ....11..............zu niedrigen Werten der Bodenfeuchte.

- Das Bauen von großen und kleinen Sandburgen ist bei Kindern ....12.............. sehr beliebt, wenn die Sonne scheint und sie sich am Strand aufhalten können. Leider ist diese Beschäftigung nicht an allen Stränden in der Welt erlaubt. ....13.............. sollte man sich ....14.............. erkundigen, ob es ratsam ist, Schaufel und Eimer in den Urlaubskoffer zu packen.

- Schreib das ....15.............. auf, sonst vergisst du es!

- Bei regelmäßigen Schlafstörungen ist man ....16.............. müde und hat Konzentrationsprobleme. Deshalb sollte man bei Schlafstörungen ....17.............. einen Arzt aufsuchen.

23

Adverbien - Mix

- Ein Kürbis ist ....1............... nicht jedermanns Geschmack, obwohl es vielfältige Zubereitungen für ihn gibt, deren Ergebnis wirklich lecker schmeckt. ....2............... kann man bestimme Kürbissorten auch einfach mit Schale essen.

- ....3............... hat man Kaugummi aus einem natürlichen Rohstoff hergestellt, doch ....4............... bildet synthetisches Gummi aus Erdöl die Basis.

- In den Sommermonaten verbreiten sich in vielen Badeseen massiv Blaualgen. Man sollte auf keinen Fall ....5............... baden, weil sie ein Gesundheitsrisiko darstellen.

- 1968 wurde ein Attentat auf den amerikanischen Bürgerrechtler Martin Luther King verübt. Bis heute geht man ....6............... aus, dass ....7............... ein Krimineller stecke, der rassistische Motive verfolgt habe.

- Eine Handarbeit wie das Stricken entspannt, fördert die Kreativität und erschafft ....8............... einzigartige Kleidungsstücke. Wer trägt nicht ....9............... einen gestrickten Schal und eine coole Wollmütze im Winter?

- Das Leben stellt uns ....10............... vor schwierige Herausforderungen, die wir ....11............... gut meistern oder vor denen wir resignieren. Auf jeden Fall lernen wir dazu und entwickeln unsere Persönlichkeit.

- Heute teilen wir uns die Hausarbeit. Ich übernehme ....12............... die Arbeiten und du kümmerst dich bitte draußen um den Hausflur.

- Du darfst ....13............... heute mit meinem Auto fahren, weil mich ein Kollege abholt, sodass ich es nicht brauche.

- Viele Menschen haben ....14............... ein entspanntes Verhältnis zum Geld. Für sie ist Geld nicht das Wichtigste im Leben, ...15............... brauchen auch sie Geld für Ernährung und Wohnung.

- Aufgrund der Vorteile eines E-Bikes steigt ....16............... die Nachfrage nach diesen Fahrrädern.

24

Modalpartikel

- Du kannst ....1...... gut Klavier spielen!
- Sei ......2...... vorsichtig, wenn du die Eier zum Bauernmarkt transportierst!
- Gab es ......3...... nicht schon ab 1923 weibliche Polizistinnen in Deutschland? Ich glaube das war in Köln.
- Der Arzt wird ......4...... wissen, was am besten für den Patienten ist.
- Du könntest ......5...... in Erfurt studieren und mit mir eine Wohngemeinschaft gründen.
- Am Nachmittag besucht mich mein Lehrer. Er möchte ......6...... ein Buch abgeben.
- Ich brauche noch fünf Minuten für meinen Brief. Du kannst ......7...... schon gehen.
- Bitte sei nicht traurig, denn ich habe ......8...... eine Kleinigkeit für dich zum Geburtstag.
- Komm ......9...... bitte ans Fenster, ich möchte dir einen wunderschönen Ausblick über den Thüringer Wald zeigen.
- Es ist ......10...... kein Wunder, dass du frierst. Deine Jacke ist viel zu dünn für diese Jahreszeit.
- Wie siehst du ......11...... aus? Dein Anzug ist zerrissen und völlig verdreckt.
- Hast du ......12...... die Prüfung bestanden, obwohl du nicht alle Aufgaben gelöst hast?
- Ich weiß nicht, was ich machen soll? Mein Sohn will ......13...... keine Hausaufgaben machen.
- Wenn das Auto kaputt ist, nimmst du ......14...... das Fahrrad!
- Willst du ......15...... auswandern, ohne dich von deiner Familie zu verabschieden?
- Meine Freundin brauche ich nicht zu fragen. Sie hat ......16...... keine Ahnung vom Computer.
- Heute habe ich keine Zeit. Du kannst ......17...... am Mittwoch kommen, um die neue Software zu installieren.

NUR	ABER	DENN	RUHIG	SCHON
JA	DOCH	MAL	BLOSS	EH
WOHL	ETWA	HALT	EIGENTLICH	EINFACH

Modalpartikel - Mix

- Wann ist ....1...... die Bestellung bei der Firma eingegangen, da es jetzt zu einer Lieferverzögerung kommt?

- Eigentlich ist es ....2...... deine Sache, was du mit deinem Leben anfängst, aber meine Meinung solltest du dir ....3...... anhören.

- Hast du ....4...... zwecks Krankmeldung deinen Arbeitgeber angerufen?

- Wir finden ....5...... keinen Parkplatz zur Hauptgeschäftszeit in der Innenstadt.

- Frag ....6...... deinen Cousin, wenn du mir nicht glaubst!

- Ich wollte ....7...... schnell fragen, wer heute das Büro abschließt?

- Sie träumt von einem Prinzen auf einem weißen Pferd. Sie ist ....8...... noch ein Kind.

- Wenn er die Aufnahmeprüfung an der Musikhochschule schaffen will, dann muss er täglich üben. Er versteht das ....9...... nicht.

- Möchtest du ....10...... einen Sprachkurs C1 machen?

- Er spricht viel über das Essen. Die Ernährung hat ....11...... eine große Bedeutung für ihn, weil er immer an den Erhalt seiner Gesundheit denkt.

- Geh ....12...... nicht nachts allein durch den Park! Hörst du? Das ist einfach zu gefährlich!

- Das Kind hat die ganze Zeit geweint. Es wollte ....13...... zu seiner Mutter.

- Dein Papagei ist ....14...... richtig zahm! Das hätte ich nicht gedacht, dass dein Vogel so zutraulich wird und keine Angst vor dem Menschen hat.

- Das ist ....15...... eine Katastrophe! Frau weg, Geld weg und Führerschein weg!

- Du kannst mir ....16...... sagen, wie die Prüfung gelaufen ist. Ich erfahre es ja sowieso von deiner Lehrerin.

- Es klopft an der Tür. Das wird ....17...... die Sekretärin sein, die die Akten bringt.

- Du musst mir ....18...... glauben, dass diese Hilfsorganisation gegen Kinderarmut unseriös ist. Ein befreundeter Journalist hat dafür Beweise.

DENN	RUHIG	DOCH	SCHON	JA
EH	EIGENTLICH	ABER	HALT	BLOSS
EBEN	NUR	MAL	WOHL	EINFACH

Mehrteilige Konjunktionen

- Johann Wolfgang Goethe war ....1.............. ein bekannter deutscher Dichter ....1.............. ein Naturforscher und Naturphilosoph.

- Ludwig van Beethoven war ....2.............. ein Maler ....2.............. ein Kunsthistoriker, sondern ein Komponist der Wiener Klassik.

- Heute Abend gehen wir ....3.............. in die Oper ....3.............. besuchen das Konzert im Schlosspark.

- Hast du diesen Mann gesehen? Er ist ....4.............. groß ....4.............. ein Baum.

- Ich gehe ....5.............. gern ins Kino, ...5.............. die Popcorn und Eis essenden Zuschauer finde ich störend.

- Im Bundestag wurde ....6.............. über den Einsatz der Bundeswehr zur Bekämpfung des IS-Terrors ....6.............. über die Arbeitsbedingungen in der Paketbranche gesprochen.

- Eine Studie untersuchte den Einfluss des Wetters auf das Kaufverhalten der Menschen und kam zu einem eindeutigen Ergebnis. ....7.............. schöner das Wetter ist, ...7.............. größer ist die Kaufbereitschaft der Kunden.

- Schädlingsbekämpfungsmittel sind ....8.............. sehr wirksam, ...8.............. auch nachteilig für die Umwelt. Sie töten ....9.............. nützliche Tiere wie die Biene, ...9.............. sind ....9.............. gefährlich für den Menschen.

- Eine Straßenverkehrsordnung soll ....10.............. die Unfallgefahr im Straßenverkehr verringern, ...10.............. auch dafür sorgen, dass der Verkehr reibungslos fließt. ....11.............. besser man die Straßenverkehrsordnung kennt, ...11.............. weniger Fehler macht man.

WEDER - NOCH	SO - WIE
SOWOHL - ALS AUCH	ZWAR - ABER (DOCH)
ENTWEDER - ODER	NICHT NUR - SONDERN AUCH
EINERSEITS - ANDERERSEITS	JE - DESTO

Konjunktionen - Mix

- ……………1…………… man einen Angelschein in Deutschland erhält, muss man ……………2…………… die Fischereigesetze studieren, ……………3…………… Wissen über die Fischarten und die ordnungsgemäße Benutzung der Angelausrüstung erwerben.

- Schon Albert Einstein meinte, ……………4…………… der Mensch sterbe, ……………5…………… die Biene sterbe. Heutzutage wird diese Aussage nicht angezweifelt, da die Biene ……………6…………… gesunden Honig produziert, ……………7…………… für die Bestäubung fast aller Pflanzen zuständig ist. ……………8…………… weniger Bienen diese wichtige Arbeit verrichten, desto mehr Pflanzen sterben.

- Die Erfindung der Uhr revolutionierte ……………9…………… die Zeitmessung und ……………10…………… veränderte sie die Zeitwahrnehmung des Menschen. Die Zeit war nicht mehr eine Sache des Naturkreislaufs, ……………11…………… wurde zu einem Strukturgeber im Alltag der Menschen.

- ……………12…………… die Fußböden im Eingangsbereich von Geschäften vor Beschädigungen geschützt werden, werden dort oft strapazierfähige Matten ausgelegt.

- ……………13…………… weniger Regen in Afrika fällt, ……………14…………… lebensbedrohlicher ist die Situation auf diesem Kontinent für Mensch und Tier.

- ……………15…………… eine große Party die Anwohner stört, liegt das meist an der Lautstärke. Manchmal wird sogar die Polizei gerufen, ……………16…………… wieder Ruhe in der Nachbarschaft einzieht. Die Polizei ist ……………17…………… oft schnell vor Ort, ……………18…………… braucht viel Zeit, um sich den Weg durch die Menschenmassen zu bahnen.

- Viele Gründe sprechen für ein Verbot der Feuerwerkskörper in der Silvesternacht. Sie sind ……………19…………… umweltfreundlich ……………20…………… nützlich, sie erzeugen nur Lärm, Dreck und oft auch Angst.

- ……………21…………… die Sprachprüfung beginnt, erfolgt eine Überprüfung der Personalien aller Teilnehmer.

- Er schrieb seine Doktorarbeit, ……………22…………… er studiert hatte.

28

Relativpronomen

- Wolfgang Amadeus Mozart, ...1...... als Musiker berühmt wurde, besuchte nie eine Schule, sondern wurde von seinem Vater unterrichtet. Kinder in Deutschland, ...2...... eine Schule zu Hause viel besser gefallen würde, haben keine Chance, von ihren Eltern unterrichtet zu werden. Die gesetzliche Schulpflicht in Deutschland hat strenge Regeln, ...3...... einen Privatunterricht daheim nur im Ausnahmefall erlauben.

- ......4...... keine Zeit zum Lernen hat, muss sie sich nehmen!

- Es gibt Menschen, ...5...... alles egal ist. Das sind Menschen, ...6...... gleichgültig durchs Leben gehen, sich für nichts interessieren und engagieren, sich keine Meinung bilden oder etwas bewerten.

- ......7...... die empfohlenen Aufgaben im Buch zu schwierig sind, kann auch die leichteren im Heft lösen.

- Ihr Antrag, ...8...... Umfang übrigens zehn Seiten beträgt, sollte bis Ende des Monats bei unserer Behörde eingereicht werden.

- Eine Woche ohne Uhrzeit zu leben, wäre etwas, ...9...... ich gern ausprobieren würde.

- ......10...... Arbeitsschuhe kaputt sind, sollte sie in der Mittagspause umtauschen.

- Der Urlaub in Australien war das Schönste, ...11...... ich je erlebt habe.

- Die Polizei ist der Meinung, dass derjenige, ...12...... die Tasche gehört, auch der Täter sein muss.

- Derjenige, ...13...... zuerst das Ziel erreicht, erhält einen Preis.

- Das, ...14...... ich dir heute gesagt habe, muss ein Geheimnis bleiben.

- Bewirbst du dich etwa bei der Firma, ...15...... Ruf durch den Umweltskandal geschädigt worden ist?

- Meine Freundin kaufte sich nach reichlicher Überlegung den Kinderwagen, ...16...... aus unbedenklichen Naturmaterialien hergestellt wurde.

- Unter freiem Himmel zu schlafen ist nichts, ...17...... man ausprobieren sollte, wenn man nachts Angst im Freien hat.

- Er bestellte im Internet ein Zelt, in ......18...... vier Personen Platz haben.

DER	WAS	DESSEN	DENEN	WEM
WESSEN	DIE	DEM	WER	DEREN

Relativpronomen

- Diejenigen unter uns, ...1....... an der Weiterbildung teilnehmen möchten, sollten sich bitte in die Liste eintragen.

- ....2....... kein Vertrauen in meine Arbeit hat, muss es mir sagen.

- Jonas Blue ist ein englischer Musikproduzent, ...3....... Musik sowohl einzigartig als auch erfolgreich ist.

- Den schlechten Ruf unseres Hotels, gegen ....4....... wir ankämpfen, haben wir auch der Unfreundlichkeit einiger Mitarbeiter gegenüber den Gästen zu verdanken.

- Mein Unfall auf der Autobahn war mit Abstand das Schlimmste, ...5........ mir bisher passiert ist.

- Eine Avocado ist eine Frucht, ...6....... Geschmack nussig ist.

- Eine der größten technischen Erfindungen der Menschheit ist das Flugzeug, ...7....... Erfindung 1903 den Traum der Menschen vom Fliegen Wirklichkeit werden ließ.

- Jemand, ...8....... das Leben liebt, ist ein Optimist.

- Menschen, ...9....... wir durch Zufall begegnen, können unser Leben auf angenehme Art bereichern, aber auch das Gegenteil kann der Fall sein.

- ....10....... Selbstbewusstsein schwach ist, glaubt nicht an die eigenen Fähigkeiten.

- Das, ...11....... in der Zeitung steht, entspricht nicht immer der Wahrheit.

- Ein Mensch, ...12....... Lebensziel es ist, die Welt zu entdecken und zu verstehen, wird viel auf Reisen sein.

- Nach Einschätzung des Kellners wirke das alte Ehepaar, ...13....... er die Flasche Champagner an den Tisch gebracht hat, so, als wäre es frisch verliebt.

- Eine Bürolandschaft, mit ....14....... sich Betriebskosten sparen lassen, ist jedoch bei deutschen Mitarbeitern weniger beliebt als ein Einzelbüro.

- Im Interesse einer angenehmen Arbeitsatmosphäre sollten Probleme, mit ....15....... sich ein Arbeitsteam auseinandersetzen muss, zeitnah gelöst werden.

WER	DEREN	DIE	WAS	DESSEN
WESSEN	DEN	DENEN	DER	DEM

30

Relativpronomen - Mix

- ......1...... unter 18 Jahre alt ist, darf an dem Sportwettkampf teilnehmen.
- Diejenigen, ...2...... unter 18 Jahre alt sind, dürfen daran teilnehmen.
- Alle, ...3...... Alter unter 18 liegt, dürfen daran teilnehmen.
- Alle Sportler, ...4...... unter 18 Jahre alt sind, dürfen daran teilnehmen.
- ......5...... Alter unter 18 liegt, darf daran teilnehmen.
- Diejenige, ...6...... noch nicht 18 Jahre alt ist, darf daran teilnehmen.
- Menschen, ...7...... Alter unter 18 liegt, dürfen daran teilnehmen.
- Die Person, in ......8...... Ausweis ein Alter unter 18 steht, darf daran teilnehmen.
- Es darf jede Frau daran teilnehmen, ...9...... Alter unter 18 ist.
- Personen, bei ......10...... ein Alter unter 18 im Ausweis steht, dürfen daran teilnehmen.
- Ein Alter unter 18 wird von jeder Sportlerin erwartet, ...11...... Ziel die Teilnahme an dem Sportwettkampf ist.
- Personen, ...12...... noch nicht 18 Jahre alt sind, dürfen sich anmelden.
- Derjenige, ...13...... noch nicht 18 Jahre alt ist, darf daran teilnehmen.
- Es darf niemand daran teilnehmen, ...14...... Alter über 18 ist.
- Nur mit einem Alter, ...15...... die 18 nicht überschreitet, darf man daran teilnehmen.
- Der Sportler, in ......16...... Ausweis ein Alter unter 18 steht, darf daran teilnehmen.
- Das Alter des Sportlers, ...17...... daran teilnehmen darf, muss unter 18 sein.
- Die Sportlerin, von ......18...... wir wissen, dass sie unter 18 ist, darf daran teilnehmen.
- Der Sportler, von ......19...... wir einen Altersnachweis unter 18 haben, darf daran teilnehmen.
- Nur wer ein Alter hat, ...20...... unter 18 liegt, darf daran teilnehmen.
- Das Alter der Sportler und Sportlerinnen, ...21...... daran teilnehmen dürfen, ist unter 18.
- Ein Alter unter 18 wird von jedem Sportler erwartet, ...22...... Wunsch es ist, am Sportwettkampf teilzunehmen.
- ......23...... am Wettkampf teilnehmen will, sollte unter 18 Jahre alt sein.

II. Sprachbausteine in humorvollen Texten

Aufgabe: *Lesen Sie den Text und entscheiden Sie, welcher Sprachbaustein aus dem Wörterangebot in die Lücke passt. Sie können jedes Wort <u>nur einmal</u> verwenden. Nicht alle Wörter passen in den Text.*

Hybrid-Food

Hybrid-Food ist eigentlich ....1.............. Besonderes. Jeder Hobbykoch, der Rezepte ignoriert und gern beim Backen oder Kochen improvisiert, hatte schon Erfolgserlebnisse. Man nimmt ein bisschen von hier und ein bisschen von da und plötzlich wurde etwas hergestellt, ...2.............. auch noch schmeckt. Leider wurde im Eifer des kreativen Prozesses vergessen, die Zutaten oder deren Mengen schriftlich zu fixieren, ...3.............. das leckere Essen einmalig blieb. Dem Profi passiert dies ....4.............. nicht. Er hat ein Rezept, einen Plan und eine Vermarktungs- und Werbestrategie.

Das beste Beispiel ist hierfür der Cronut, ...5.............. der New Yorker Dominique Ansel kreierte. Das SPRINGLANE-Magazin berichtete, dass auch Grünkohl (engl. kale) und Rosenkohl (eng. brussel sprouts) gekreuzt ....6.............. seien und so die Kalette* entstanden sei.

Diesem Trend ....7.............. wir große Aufmerksamkeit schenken, denn ....8.............. lernen wir schon ....9.............. unser absolutes Lieblingsessen kennen. Seien Sie kreativ und fantasievoll, kreuzen Sie Bockwurst und Butterstreusel zur Bocksel*, Schokotorte und Zwiebeln zur Schokozwiete* oder Karpfenfleisch und Krapfen zum Karkrap*. „Einen Karkrap bitte", sagen wir dann zur Bedienung und freuen uns über einen leckeren Krapfen mit großen Fischgräten. Es ....10.............. interessant zu wissen, ob Sie schon Erfahrungen mit Hybrid-Food gemacht haben und wie Sie über diesen Ernährungstrend denken.

Kunstwörter

NATÜRLICH	SODASS	WURDEN	WAR	WORDEN
DER	BALD	DASS	VIELLEICHT	WÄRE
WAS	MÜSSEN	NICHTS	DEN	SOLLTEN

Sich abhärten

Das Winterbaden oder Eisbaden ist eine gute Möglichkeit, den Körper abzuhärten. ....1............... ist die Bezeichnung Winterbaden präziser, da diese Aktivität bereits im Herbst beginnt, in den Wintermonaten intensiviert wird und sich bis zum Frühjahr fortsetzt. ....2............... der milden Winter, die wir häufig in Deutschland erleben, fehlt nicht selten die Möglichkeit, ein Eisloch in den See zu hacken. ....3............... Johann Wolfgang von Goethe hat im Winter ein Eisloch in die Ilm gehackt, um darin zu hocken. Natürlich sollten wir ein solches Vorhaben langsam angehen und unseren Körper Schritt für Schritt mit kaltem Wasser quälen.

Winterbaden ist ....4............... nichts für Warmduscher* und es ist gefährlich. Nicht jedes Kreislaufsystem mag Kälte und unser Unterbewusstsein schätzt nicht immer seine Kräfte richtig ....5............... . Viele Menschen mögen kein Eisbaden, aber Eier. - Das heißt, sie machen es wie gekochte Eier. Sie lassen sich in einer Sauna so richtig bei 90 Grad kochen und schrecken sich dann im kalten Wasser ab. Saunagänge machen Körper und Seele glücklich, ...6............... der Wechsel von warmen zu kalten Temperaturen und zurück innerhalb kurzer Zeitabstände schockt Erkältungs- und Grippevieren so stark, dass sie von Saunabesuchern ablassen und sich einem neuen Opfer zuwenden. Natürlich gibt ....7............... auch andere Möglichkeiten, wie man sein Immunsystem stärken kann. Dazu gehören sowohl Wechselduschen und Barfußlaufen zur Arbeit ....8............... Schlafen im Kühlen.

Jedes Jahr findet ein internationales Treffen der Eisbader in Mielno in Polen statt, zu dem tausende Zuschauer erwartet ....9............... . Zuerst kühlen sich die mutigen Teilnehmer in der eisigen Ostsee ab, dann heizen sie sich bei der angesagten Eisbader-Party wieder auf. Es liegt wohl ....10............... der Hand, dass dies alles ein riesiger Winterspaß für die ganze Familie ist.

ugs. eine Person, die empfindlich ist

ALS AUCH	NORMALERWEISE	ES	EIN	UND
BEREITS	ALLERDINGS	AUF	EHER	DENN
IN	WERDEN	WEIL	AUFGRUND	SIND

Lebenslanges Lernen

Lernen hält jung. Wer in jungen Jahren nicht gern gelernt hat, könnte jetzt ....1.............. anfangen und vielleicht feststellen, wie befriedigend, inspirierend und aufregend das Lernen sein kann.

Wir können ....2.............. lernen, was wir wollen, denn unsere Lernfähigkeit nimmt nicht ab. Früher fehlten oft Zeit und Geld, ...3.............. das zu lernen, was glücklich macht. Wir können alles nachholen, wir müssen es nur tun. Lernen ist keine Frage des Alters, sondern der Motivation.

Lernforscher wie Christian Stamov Roßnagel bestätigen die großen Potentiale, die wir haben, wenn wir lernen. Er ließ für seine Lernexperimente eine Gruppe 50 bis 60 jähriger Arbeitnehmer gegen 30 jährige Erwerbstätige antreten und stellte fest, was wir schon immer ahnten. Nicht das Alter ....4.............. entscheidend, so Roßnagel, sondern wie wir uns entwickelt hätten. Viele ältere Menschen hätten in ihrem Leben viel gelernt und so ihr Gedächtnis verfeinert. Da können heute viele junge Leute nicht ....5............. .

Wer weiß denn schon, dass Ältere nicht zu wenig, sondern zu viel lernen? Laut einer Studie amerikanischer Forscher ....6.............. ein älteres Gehirn Probleme, unwichtige Informationen zu ignorieren. Die Wissenschaftler meinten, dass ältere Menschen unwichtige Informationen in ihrem Gehirn nicht filtern könnten, weil sie vorsichtig geworden wären. Sie hätten in ihrem Leben schon oft Informationen ignoriert, ...7.............. sie diese für unwichtig hielten. Doch dann habe ....8.............. herausgestellt, dass gerade diese Informationen hoch brisant gewesen waren und unschöne Folgen nach sich gezogen hatten - Job weg, Geld weg, Frau oder Mann weg. Negative Erfahrungen würden zwar Spuren im Leben eines Menschen hinterlassen, ...9.............. man könne trainieren, das wichtige gespeicherte Wissen herauszufiltern.
Das glauben ....10.............. die US- Forscher.

DOCH	SEI	HABE	HAT	TROTZDEM
DENN	DAMIT	ALLES	WEIL	SICH
ZUMINDEST	MITHALTEN	DAZU	FEST	UM

Ein schwerer Weg

Viele Raucher und Raucherinnen erleben einen ....1............... in ihrem Leben, in dem die Lieblingszigarette plötzlich eklig schmeckt, übel stinkt und zu viel Geld kostet. Dann wird ....2............... einer individuellen Strategie gesucht, um nicht zu rauchen.

Der Weg ....3............... einem natürlichen Mundgeruch, feinen Geschmacksempfindungen und Hustenfreiheit ist leicht, wir müssen ....4............... den verantwortlichen Schalter in unserem Gehirn finden. Stellen Sie sich vor, wir ....5............... Blutegel, die zweiunddreißig Gehirne haben. Wie sollten wir da den richtigen Schalter finden, um mit dem Rauchen ....6...............? Wir suchen aber nur *einen* Schalter in *einem* Gehirn!

Leider wissen nicht alle Männer und Frauen mit Nikotinsucht, dass sie ihren Schalter nur umlegen können, wenn sie denken. Denken macht nicht allen Rauchern Freude und ....7............... überlassen sie es lieber anderen.

...............8............... schaffen es faule Denker ....9..............., mit dem Rauchen aufzuhören. Aktive Denker aber wissen, dass Gedanken stark motivieren und alte Verhaltensmuster ändern können. Ich bin, was ich denke! Ich denke, dass ich nicht rauche und schon bin ich Nichtraucher! Es kann von einem Moment zum anderen passieren, ...10............... wir uns darauf vorbereiten, unsere Wohnung verlassen oder einen Cent bezahlen müssen.

Wir werden das Rauchen nicht vermissen, denn es ist nicht lebensnotwendig. Denken ist der einfache Weg, der schwer zu gehen ist. Falls Sie rauchen, sollten Sie es ausprobieren.

NUR	WÄREN	DEMZUFOLGE	OHNE DASS	SELTEN
DAZU	ZU	DEM ZUFOLGE	HÄUFIGER	DESHALB
NACH	HÄTTEN	AUFZUHÖREN	MOMENT	BEENDEN

Schokoträume

Schokolade ist gesund, weil sie glücklich macht und unsere Seele streichelt. Schokolade verbinden wir mit Momenten in unserem Leben, in ....1.............. wir uns glücklich und geborgen gefühlt haben. Diese Erinnerung ....2.............. unserer Psyche gut. Hinzu kommen die angenehmen Wahrnehmungen, die uns begleiten, ...3.............. die braune oder auch weiße Köstlichkeit auf unserer Zunge zart schmilzt, in unseren Mundraum tropft und unsere Geschmacksnerven kitzelt.

Schokolade, die mit Bittermandelöl und Kakaobohnen hergestellt ....4.............., enthält die chemische Substanz Phenylethylamin. Das ist der Stoff, ...5.............. dem Träume sind. Viele Menschen glauben, dass Phenylethylamin auf die Neurotransmitter im Gehirn wirkt und das Glückshormon Serotonin freisetzt. Leider ist das ....6.............. ein medizinisches ....7.............. . Trotzdem kann die Schokolade vermutlich helfen, jung und schön zu bleiben.

Wissenschaftler der Universität Münster ....8.............. wertvolles CocoHeal aus dem Kakao isoliert. Das ist eine wunderbare Substanz, die hautregenerierend und wundheilend wirkt. Sie kann dafür sorgen, dass unsere Haut nicht faltig wird und ....9.............. Magengeschwüren vor. Dieser ....10.............. könnte uns glücklich machen. Aber zurzeit können wir nur hoffen, dass die Forscher einen Weg finden, CocoHeal hochkonzentriert in der Schokolade zu platzieren.

WURDEN	DENEN	AUS	EHRLICH	WENN
MÄRCHEN	HABEN	WIRD	DEREN	WIRKLICH
TUT	BEUGT	STOFF	VON	MACHT

Gesunde Körnerfrüchte

Jedes Jahr kommen Food - Trends auf den Markt, ...1............... Bedeutung wir nicht überbewerten sollten. Vielmehr sind sie als Anregung zu sehen, unsere Ernährungspalette zu bereichern. Viele neue Food-Trends belegen, dass im Ernährungsbereich sich immer wieder Angebote wiederholen oder bereits schon ....2............... unserem Alltag gehören. Fast in jedem Jahr wird von einem Wundermittel gesprochen. Wir haben ....3............... von Wundermitteln wie Aloe vera, Chia, Apfelessig oder Nüssen gehört. Aber kennen Sie Amarant?

Amarant wird zwar oft als Pseudogetreide bezeichnet, ...4............... er ist kein Getreide. Weizen, Dinkel und Roggen sind Süßgräser, Amarant dagegen gehört zu den Fuchsschwanzgewächsen und hat somit andere Eigenschaften und Inhaltsstoffe als das Getreide. ....5............... das Getreide ein sehr ....6............... Lebensmittel ist, kann es schwerwiegende Gesundheitsprobleme verursachen. Einerseits kann es Allergien auslösen und andererseits auch den Darm beschädigen. Aber Amarant sind Körnerfrüchte, die man ....7............... jeder Person anbieten kann, denn sie haben einen geringen Kohlenhydratanteil, ...8............... mit leicht verwertbaren Nähr- und Vitalstoffen und sind glutenfrei.

Jemand, ...9............... Couscous und Quinoa mag, wird auch Amarant lieben. Die Zubereitung der Körner erfolgt auf die gleiche Weise und weil Amarant fein nussig im Geschmack ist, passt er zu unseren Gemüse- und Obstgerichten. ....10.............. besitzt dieses Wunderkorn keine Eigenbackfähigkeit*, aber Sie können es gern in gemahlenem Zustand unter ein Basismehl mischen.

hat die messbaren Eigenschaften wie Brotgetreidemehl (nur mit Amarant ist Brot nicht herstellbar)

DER	BEDENKENLOS	DOCH	SCHON	DEREN
ZU	ALLERDINGS	ZUM	PUNKTEN	OBWOHL
WER	WERTVOLLES	WEIL	DESSEN	LEIDER

Der nächste Winter

Der nächste Winter kommt schneller, als wir es wünschen. Um uns perfekt darauf vorzubereiten, sollten wir unsere Katzen ....1................ . Ist die Katze fett, wird es ein strenger Winter. Diesen Zusammenhang haben die Einwohner in Voigtsdorf schon lange erkannt und pflegen die ....2.............. des Katzenwiegens. Wer keine Katze hat, hat genügend Zeit, sich im Tierheim mit einem süßen Dachhasen* anzufreunden.

Wenn man friert, sollte man viel trinken. Damit sind aber nicht Glühwein, heißer Grog und warme Schokolade gemeint, sondern Wasser, Tee und Fruchtsäfte. Alkohol ist kein Warmmacher, denn er öffnet unsere Blutgefäße auf der Hautoberfläche und der Mensch kühlt ....3.............. aus. Wer andere Erfahrungen gemacht hat, ...4.............. sich in beheizten Räumen oder war optimal in dicke Klamotten eingemummelt.

Wenn es draußen ....5.............. kalt ist, ist die Luft oft sehr trocken. ....6.............. die Kälte hilft ein Wässerchen, oral zugeführt, um die niedrige Luftfeuchtigkeit auszugleichen. Wissenschaftler haben herausgefunden, dass unsere Fähigkeit, Empathie zu zeigen, in der kalten Jahreszeit leidet. ....7.............. müssen wir dafür sorgen, dass uns nicht kalt ist. Ansonsten kann es passieren, dass wir gegenüber unseren Mitmenschen gleichgültig und aggressiv auftreten. Wer braucht zusätzlich Konflikte, wenn er friert!

Wir sollten Mützen tragen, ...8.............. dann, wenn viele Menschen unter einer Mützenphobie leiden. Die kann man bestimmt mit einer angesagten Markenmütze überwinden. Natürlich ist es ein großes Opfer, die Haarfrisur unter der Mütze sterben zu lassen. So ....9.............. Frau oder Mann sieht wie ein frisch geföhntes Eichhörnchen* ....10.............., wenn die Mütze die Haare wieder freigibt. Doch diesen Anblick können wir unseren Partnern oder Freunden gönnen, denn sie haben uns lieb.

* Dachhase = ugs. Katze/ frisch geföhntes Eichhörnchen = ugs. lustiger Ausdruck für eine wilde Frisur

WIEGEN	ERFAHRUNG	GEGEN	FÜR	DARUM
SCHNELLER	TRADITION	TOTAL	BEFAND	MANCHE
BEFAND	BEFINDEN	AUCH	AUS	IMMER

40

Was Schuhe erzählen

Es gibt eine Krankheit, die sehr viele Frauen glücklich macht – die Schuhmacke*. Sie tun nichts, um diese unheilbare Krankheit zu besiegen. Die Schuhmacke bricht immer wieder aus. Frauen brauchen Schuhe wie die Luft ……………1…………… Atmen. Und jede Frau hat klare Vorstellungen ……………2……………, wie für sie der perfekte Schuh aussehen soll. Die Auswahlkriterien sind sehr individuell. Manche Frauen bevorzugen den Tragekomfort, andere verzichten vollständig oder teilweise auf diesen Luxus ……………3…………… eines modischen Designs.

……………4…………… wir den Experten, hat jede Frau durchschnittlich 17 Schuhe in ihrem Besitz. Frauen lieben Schuhe, weil sie mit ihnen etwas ausdrücken möchten. Sie unterstreichen ……………5…………… die Wahl des Schuhs ihre Persönlichkeit, ihren Charakter und ihre Lebenseinstellung. Natürlich spielen oft auch praktische Gesichtspunkte beim Griff ins Schuhregal eine Rolle. Wenn man wandern geht, braucht man festes und robustes Schuhwerk und keine modernen Pumps.

……………6…………… Aussagen einer amerikanischen Studie könne man den Charakter eines unbekannten Menschen zu 90 Prozent ……………7…………… seiner Schuhe analysieren. Die Ergebnisse dieser Untersuchung sind interessant. Die Forscher meinen, dass Menschen mit Bindungsangst öfter neue und ungepflegte Schuhe haben ……………8……………, da ihnen wichtig sei, was die anderen Menschen denken. Menschen mit buntem und ausgefallenem Schuhwerk würden das Gegenteil verkörpern, seien extrovertiert. Die ……………9…………… der hässlichen und langweiligen Schuhe wären Menschen, die selbstbewusst sind und denen es egal ist, was andere Leute über sie denken. Wer coole Halbstiefel trägt, soll laut der Studie zu den tafferen und aggressiveren Typen gehören. Aber Menschen, die ein sehr ruhiges Wesen haben, hätten oft unbequeme Schuhe. ……………10…………… Sie den Ergebnissen der Studie Glauben schenken, bleibt natürlich Ihnen überlassen.

ugs. Verrücktheit, Tick, Eigenart (verrückt nach Schuhen)

TRÄGER	ZUGUNSTEN	DURCH	FÜR	WEGEN
WÜRDEN	GLAUBEN	OB	MIT	DAVON
OPFER	VERSTEHEN	NACH	ANHAND	ZUM

Handtaschen

Moderne Frauen brechen heute oft mit Traditionen, aber es gibt auch einige, die sie noch sehr lange respektieren werden. Eine Tradition begann schon vor 5000 Jahren, ...1............... die Frau ihr Messer aus Feuerstein und Keramik in einem Täschchen aufbewahrte, ...2............... mit 300 Hundezähnen verziert war. Somit ist die Handtasche keine Erfindung der heutigen Modebranche, wie das älteste ....3............... der Welt beweist, welches Archäologen im Tagebau Profen entdeckt haben. Der Weg der Handtasche führte vom Beutel aus Tierhäuten, über Täschchen, die an einer Kette an der Hüfte baumelten, zu birnenförmigen Beuteln, die man im 17. Jahrhundert unter der üppigen Kleidung trug. Erst im 18. Jahrhundert wanderte die Tasche endlich in die Hand der Frau.

...............4............... es möglich wäre, würden die heutigen Frauen noch den Modeschöpfern* des 18. Jahrhunderts Dankesbriefe schreiben, weil sie Kleider entworfen hatten, die es unmöglich machten, Taschen unter der Kleidung zu tragen. Außerdem verzichteten sie auf aufgesetzte Taschen auf den Kleidern, die die Damen zwangen, ihr Puderdöschen ....5............... zu verstecken. So trat die Handtasche ihren Siegeszug ....6............... . Inzwischen ist der Handtaschennachwuchs unüberschaubar, da in unserer Zeit jede Frau im Laufe ihres Lebens durchschnittlich 111 Handtaschen benutzt. Das haben Experten ....7............... .

...............8............... Sie 152000 Euro für eine Handtasche ausgeben? So viel würde die teuerste Handtasche der Welt kosten, eine rubinrote Birkin Bug der Marke Hermes mit dem Namen " Diamond Birkin". Sie wurde nicht aus Flohleder, sondern aus dem Leder eines Leistenkrokodils ....9............... und hat Beschläge aus 18-Karat-Weißgold. ....10............... ihres hohen materiellen Wertes ist die Tasche eigentlich wertlos, weil sie keinen Nutzen hat. Sie ist nur ein Sammlerstück, das in einem hochgesicherten Safe aufbewahrt wird - so, als wäre sie die hässlichste Handtasche der Welt.

Modedesigner

ANDERWEITIG	GEFERTIGT	DAS	ALS	WÄRE
GEARBEITET	EXEMPLAR	AN	WENN	TROTZ
WÜRDEN	ERFORSCHT	DORT	KONNTEN	DAMIT

42

Einmischen verboten

Wenn Omas den Familienfrieden wahren und ihre Kinder nicht verlieren wollen, sollten sie sich nie in die Erziehung ihres Enkelkindes einmischen. Es sollte einer Oma egal sein, ob die Enkelin Klara Hausaufgaben macht, ein viertes Ohrloch sticht, das gesamte Taschengeld für pinken Nagellack und Cola ....1.............. oder ständig auf ihrem Handy Videos herunterlädt. Es ist das Kind ihrer Tochter oder ihres Sohnes. Es ist ein Kind, welches nach kurzer Zeit ....2.............. in die Erziehungsobhut* seiner Eltern übergeben wird und ....3.............. den dortigen Familienverhältnissen klarkommen muss.

Eine Oma kann nur verlieren, wenn sie versucht, das Leben ihres Enkelkindes zu verbessern, ...4.............. sie den Fernsehkonsum einschränkt oder die Ernährung umstellt. Nur Klaras Eltern wissen, was das Beste für ihr Kind ist. Sie haben genaue Vorstellungen ....5.............. , wie sie ihre Tochter erziehen wollen. Wenn Omas Glück haben, ...6.............. sie in das Erziehungskonzept ihrer Kinder eingeweiht. Wenn nicht, sollte eine Oma das akzeptieren, auch wenn sie andere Erziehungsideen für ihr Enkelkind als pädagogisch wertvoller erachtet. Es werden sich ....7.............. nicht viele zwischenmenschliche Konflikte entwickeln, wenn die Oma die Erziehungsregeln ihrer Kinder befolgt.

Vielleicht bringt Klara ihre Eltern irgendwann zur ....8.............., da sie die Ansagen ihrer Eltern missachtet, sich einen Tunnel stechen lässt und nicht pünktlich zum gemeinsamen Abendbrot erscheint. Das kann der Moment sein, ...9.............. Oma um Rat gefragt wird. Bis zu diesem Augenblick sollten Omas einfach abwarten und ....10.............. ihren Lebensabend genießen.

fürsorglicher Schutz

ALLERDINGS	BEZAHLT	WEIL	WERDEN	DAFÜR
ENTSPANNT	TROTZDEM	MIT	DAVON	INDEM
AUSGIBT	VERZWEIFLUNG	IN DEM	VERNUNFT	WIEDER

Kälte

Wenn wir zittern und blass im Gesicht werden, dann haben wir uns tierisch aufgeregt oder ....1............... einem großen oder ekelerregenden Tier erschreckt. Oft ist es auch einfach nur die Kälte.

Eigentlich wissen wir nicht, was richtige Kälte ist. Der offizielle Kälterekord ....2............... bei - 89,2 Grad Celsius und wurde bei der russischen Forschungsstation Wostok in der Ostantarktis gemessen. Der niedrigste, ...3............... inoffizielle Kältewert konnte auf dem Hochplateau in der Antarktis gemessen werden. Wir können uns glücklich schätzen, dass wir nicht dabei waren, ...4............... 2010 dort -93,2 Grad Celsius gemessen wurden.

Viele Menschen frieren auch bei Temperaturen weit über dem Gefrierpunkt. Sie werden ....5............... steif und nehmen eine unnatürliche Körperhaltung ein. Sie ziehen die Schultern hoch und ....6............... ihren Hals wie eine Schildkröte in den Mantelkragen oder Wollschal ein. Diese Körperhaltung sieht so komisch ....7..............., sodass sie bisher auf keinem ....8............... der Welt nachgeahmt wurde.

Auch wenn der Frühling naht, heißt das nicht, dass es nicht immer wieder kalte Momente gibt. Die Kälte lauert ....9............... - im Flugzeug, im Bergsee, im Supermarkt oder im Büro des Chefs. Frauen trifft es besonders hart, denn sie sind dünnhäutiger und haben weniger Muskelmasse als Männer, die Wärme erzeugen kann. Ein Frauenkörper besteht tatsächlich nur zu 25 Prozent aus Muskelmasse, bei Männern beträgt dieser Wert 40 Prozent. ....10............... dieser Tatsachen verstehen wir natürlich, warum Frauen öfter über die Kälte klagen als Männer.

*lange Bühne für Models bei einer Modenschau

LAUFSTEG*	JEDOCH	HEBEN	AUS	BÜHNE
DANN	ÜBERALL	VOR	LIEGT	ALS
HIER	ZIEHEN	BETRÄGT	BEZÜGLICH	DANK

Essen - ein sozialer Akt

Wir lieben es, innerhalb und ....1.............. unserer Wohnung zu essen.
BSE-Skandale, genmanipulierte und hormonbehandelte Lebensmittel und hässliche
Esstischdekorationen können uns nicht davon abhalten, regelmäßig eine Mahlzeit
einzunehmen. Wir planen genau, wo, wie und mit wem wir essen.

..............2.............. wir uns ungesund, hat das ....3.............. auf
unsere Lebensqualität. Wir schauen genau hin, was und wie viel wir unserem Körper
anbieten. Dabei spielt es keine Rolle, ...4.............. wir selbst zuhause den
Kochlöffel schwingen oder uns in einem Restaurant verwöhnen
..............5.............. . Die Speisen, die uns schmecken, müssen gesund,
natürlich und abwechslungsreich sein.

Auf der einen Seite ist das Essen ein Grundbedürfnis des Menschen,
..............6.............. ist es ein sozialer Akt, eine soziale Handlung.
..............7.............. Essen sitzen wir mit der Familie oder Freunden zusammen,
unterhalten uns und fühlen uns wohl. Oder wir speisen mit den Kollegen oder
Geschäftspartnern. Wenn wir mit anderen Menschen zusammen eine Mahlzeit
einnehmen, ...8.............. ist das ein Ausdruck der Integration in
bestimmte soziale Gruppen.

Und für jede Situation suchen wir den passenden lokalen Rahmen. Es macht
..............9.............. einen großen Unterschied, ob wir eine Thüringer Bratwurst
an der Frittenbude verdrücken oder Tafelspitz* mit Klößen in einem feinen
Restaurant genießen. In der ganzen Welt gilt es als richtig, nicht alleine zu essen,
..............10.............. ein gemeinsames Essen stärkt die Gemeinschaft und
macht glücklich.

ein Gericht der Wiener Küche

AUSSERHALB	LASSEN	WOHL	ERNÄHREN	DENN
KOCHEN	DANN	OB	ANDERERSEITS	KÖNNEN
AUSWIRKUNGEN	WEIL	KAUM	RISIKO	BEIM

Ungesunde Schokolade

Wenn wir schlank wie ein dünner ....1.............. bleiben und nicht zu einer Schokotorte mutieren* wollen, sollten wir wenig Schokolade essen. Diese Süßigkeit ist eine Kalorienbombe. Und sie ist es auch dann, wenn wir dunkle Schokolade bevorzugen. Eine Tafel Bitterschokolade (100 g) hat ca. 480 Kalorien, das sind nur runde 50 Kalorien weniger als bei einer Milchschokolade.

Wir können ....2.............. ausgehen, dass jede Tafel Schokolade über 20 Stück Würfelzucker enthält. Dieser Zucker schießt ....3.............. durch unsere Blutbahn wie eine Rakete und verleiht uns Power, aber nur für sehr kurze Zeit. Damit taugt Schokolade nicht als ein gesunder Energiespender. Schokolade enthält außerdem viele interessante Substanzen, die uns helfen könnten, gesund zu bleiben. Doch das tun sie nicht, ...4.............. sie nur in winzigen Mengen in der braunen Masse enthalten sind. Das ist ....5.............. schade, denn dann ....6.............. viele Menschen nicht Veganer, sondern „Schokolaner" sein.

Wir müssten 20 Kilogramm Vollmichschokolade essen, ...7.............. unser Glücks- und Lustempfinden auf das Level zu bringen, das wir als ....8.............. Rausch bezeichnen würden.

Nur das im Kakao enthaltene Koffein ....9.............. für mehr Power in unserem Körper sorgen. Eine 100 Gramm-Schokolade mit sehr viel Kakao hat fast die gleiche Menge Koffein wie ein kleines Tässchen heißer Kaffee. Wer bereit ist, die Kalorienbombe zu ignorieren, hat ein ....10.............. Mittel gefunden, um kurzzeitig wach, konzentriert und antriebsstark zu sein.

sich verwandeln (lustig)

SCHOKORIEGEL	ZWAR	UM	BEFRIEDIGTEN	KANN
PLÄTZCHEN	DAVON	WÄREN	BEFRIEDIGENDEN	WIRKLICH
WÜRDEN	DENN	WEIL	WOHLSCHMECKENDES	DAFÜR

Rauchen

Wer heute gesund leben möchte, kommt ....1.............. Thema Rauchen nicht vorbei. Es leben unter uns Menschen, zwischen ....2.............. Lippen sich nie ein Glimmstängel* drängelte. Es gibt unzählige Frauen und Männer, die nach vielen nikotinintensiven Jahren ihre leidenschaftliche Beziehung ....3.............. Zigarette aufgeben und ein neues Leben mit Chia-Samen, Sonnenblumenkernen und Feldsalat beginnen.

Es gibt Raucher und Raucherinnen, die ihrem Nikotinliebling ewige Treue ....4.............. haben und sich nie von ihrer Zigarette trennen würden. Das kann ....5.............. liegen, dass diese Menschen den Geruch einer Zigarette betörend finden und den Akt des Rauchens als entspannend erleben. Ohne ihre Vogue Bleue Super Slims können sie nicht kommunizieren oder erfolgreich abführen. Solche Menschen sind einfach nur ....6.............. rauchsüchtig.

Eine Vielzahl der Konsumenten ....7.............. Tabakwarenindustrie sind Gelegenheitsraucher. Da ....8.............. unzählige Gelegenheiten gibt, sich eine Fluppe* anzuzünden, ist die Gruppe dieser Raucher und Raucherinnen unüberschaubar groß. Sie sind gezwungen, viele Malboros und Davidoffs zu smoken, obwohl sie eigentlich nicht regelmäßig rauchen wollten. Es dauert dann nicht lange und sie entwickeln sich zum Kettenraucher. ....9.............. sind sie abhängig und kaufen vier Schachteln auf Vorrat. Aber irgendwann kommt der Tag, an dem sie sich mit der Frage beschäftigen, wie ....10.............. ein solches Laster wieder loswerden kann.

ugs. Synonyme für die Zigarette

DARAN	AM	ZUM	GESCHWOREN	ES
GEGEBEN	DER	SCHWÖREN	DENEN	DEREN
PLÖTZLICH	ZUR	EXTREM	MAN	MIT DER

Ohne Sport

Jeder Mensch braucht Bewegung, um gesund und fit zu bleiben, doch diese Bewegung muss kein Sport sein. Wir können uns beruflich und privat ganz unsportlich bewegen und ....1.............. sportliche Ergebnisse erzielen. Ist das nicht toll? Damit man sich viel bewegen kann, sollte man eine Wohnung im Dachgeschoss beziehen. ....2.............. sollte das Haus nicht über einen Fahrstuhl verfügen, um beim Treppensteigen die Kalorienverbrennung optimal anzukurbeln. ....3.............. kann man beim Treppensteigen ca. 213 kcal verbrennen.

Um den Bewegungsumfang zu steigern, muss man regelmäßig Freunde, Verwandte oder Kollegen einladen, die hoffentlich großen Hunger haben und echt viel ....4.............. mitbringen, damit man gezwungen ist, die Treppe ....5.............. unter das Dach mehrfach zu bewältigen, um die eingekauften Waren in die Wohnung zu schaffen. Wer keine Treppe für seine Einkäufe hat, die nach oben führt, kann auch die Kellertreppe mehrere Male benutzen. Außerdem wird empfohlen, seine Möbel in der Wohnung regelmäßig umzustellen. ....6.............. verliert man nämlich ca. 180 kcal. Da diese Art der Bewegung sehr effektiv ist, sollte man dafür sorgen, dass die Wohnung schnell abgewohnt ist und renovierungsbedürftig aussieht. Das sollte kein Problem sein, ...7.............. man Kinder, ...8.............. Hund oder eine Katze hat.

Für eine Steigerung des Kalorienverbrauchs ....9.............. der Hausarbeit empfiehlt sich auch das Scheuern der Badewanne (ca. 114 kcal), das Beziehen der Betten mit frischer Bettwäsche (ca. 105 kcal), das Wischen der Fußböden (ca. 99 kcal) ....10.............. das Aufräumen der Schränke (ca. 90 kcal).

WÄHREND	EINEN	TROTZ	DURST	IMMERHIN
TROTZDEM	DA	DABEI	EIN	DARUM
GETRÄNKE	BIS	WENN	SOWIE	AUSSERDEM

Brief an Jonas

Lieber Jonas,

vielen Dank für deinen Gesundheitstipp. Hier mein Erfahrungsbericht: Ich kaufte eine Flasche ....1............... Sanddornsaft im Reformhaus, da ich die empfohlene Sanddornkur ausprobieren wollte. Der Plan ....2............... , mir täglich eine kleine Menge Sanddornsaft zu gönnen, um meinem Körper etwas Gutes zu tun. ....3............... motiviert schenkte ich mir ein Schlückchen* ins Schnapsglas ein und bewunderte die schöne und appetitliche Farbe der dickflüssigen Masse. Ich setzte an und trank. ....4............... meine Geschmacksnerven den gesunden Saft wahrnahmen, wurde ihnen übel und sie teilten meinem Gehirn mit, dass dieser Trank ungenießbar sei. Ich würgte und rannte zur Toilette und erbrach in ihr. „Gesund schmeckt anders", dachte ich. Den Tag ....5............... hatte ich das schreckliche Geschmackserlebnis verarbeitet und wollte es erneut mit einem Trick ....6............... . Ich hielt mir die Nase ....7............... und probierte den gelben Saft, der an Babykacke erinnerte, zu schlucken. Vergeblich, meine Mundhöhle wollte ihn nicht haben und meine Speicheldrüsen weigerten sich zu arbeiten. Um ....8............... zu vermeiden, spuckte ich den kostbaren Sanddornsaft aus. Mich ....9............... interessieren, wie du diesen Saft problemlos trinken konntest. Trotz der Idee, meinen Sanddornsaft mit etwas Honig und Orangensaft zu strecken, hatte ich keinen Erfolg. Der Geschmack des Sanddorns ließ sich nicht verbessern. Ich hätte fünf Flaschen Orangensaft zum Verdünnen verwenden sollen! Lieber Jonas, mir ist die Lust vergangen, Sanddornsaft zu trinken. Kannst du mir eine andere Frucht empfehlen, ...10............... Saft auch viele Vitamine hat? Ich warte auf deinen Tipp.

Liebe Grüße

Anja

PLÖTZLICH	ZU	FOLGEND	DARAUF	IST
DEREN	HOCH	WÜRDE	DESSEN	SCHLIMMES
MUSS	WAR	ALS	PUREN	VERSUCHEN

Strategien für Großeltern

Die Rolle der Großeltern kann eine Bereicherung im Leben der ganzen Familie sein, wenn sie von Oma und Opa richtig ausfüllt wird. Mit der richtigen Strategie können die Großeltern, Kinder und Enkelkinder glücklich ……………1……………. .
……………2…………… man ein kleines Kind ist, denkt man, dass alle Omas und Opas auf der Welt lieb, fleißig und klug sind und kleine und große Wünsche erfüllen. ……………3…………… Erwachsener weiß man es besser. Großmutter oder Großvater wird man ohne aktive Beteiligung. Da ist es doch völlig in Ordnung, seine Oma- oder Oparolle dem eigenen Lebensrhythmus und individuellen Bedürfnissen anzupassen oder sie ganz anzulehnen.

Großeltern können ……………4…………… ihre Beziehung zu ihrem Enkelkind frei entscheiden. Wichtig ist, dass man selbst weiß, welcher Typ Oma oder Opa man ist und nicht welcher Typ man ……………5…………… möchte. Diese ……………6…………… sollte man seinen Kindern mitteilen, damit sie sich darauf einstellen können und nicht mit der kostbaren Zeit der Großeltern rechnen, die ……………7…………… andere Pläne in der Freizeit verfolgen oder sich vielleicht auch nicht über selbst gebastelte Untersetzer, Fensterbilder und ……………8…………… Zeichnungen der Kinder freuen.

 Der Entwicklungs- und Erziehungspsychologe Prof. Dr. Schmidt-Denter von der Universität Köln spricht von vier verschiedenen Stilen im Großeltern-Enkel-Verhältnis. Es ……………9…………… formelle Großeltern, vollständig distanzierte Großeltern, sogenannte Ersatzgroßeltern, spaßmotivierte Großeltern und die Übergroßeltern.

Egal welchen Großelterntyp man letztendlich ……………10……………, man liebt sein Enkelkind immer auf ganz individuelle Weise.

GEBE	ALS	SELBST GEMALTE	IHRE	SEIN
FÜR	GANZ	ERFAHRUNG	ERKENNTNIS	IST
WENN	VERKÖRPERT	SELBST GEMACHTEN	WERDEN	ÜBER

Lentigines solares

Wenn wir altern, bekommen wir neue Körperteile, zum Beispiel Lentigines solares, auch Altersflecke genannt. Das sind harmlose Pigmentstörungen in der Haut, die sich auf den Körperregionen ....1.............., die wir am liebsten zeigen – auf dem Handrücken, dem Dekolleté, dem Gesicht und den Unterarmen. Hier kommen sie am besten zur Geltung und setzen dort ausdrucksvolle Akzente. Altersflecken können auch bei jüngeren ....2............. in größerer Anzahl auftreten.

Eigentlich stören Lentigines nicht, sorgen sie doch für ein unverwechselbares Hautbild. Sie zeugen von einem wilden und aufregenden Leben. Über Jahrzehnte haben wir in der Sonne gearbeitet, relaxt, uns sportlich betätigt, gefeiert oder sind einfach nur spazieren gegangen. Wir haben uns gern unter der Sonne gebräunt und dabei geraucht, getrunken und vieles gemacht, ...3.............. nach unserem heutigen Wissenstand nicht gesund war. ....4.............. wir die UV-Strahlen nie gesehen haben, waren sie immer da und malten als Erinnerung an die schönen Jahre bezaubernde Lentigines auf unsere Haut. Die bräunlichen Kleckse auf unserer Haut sind nichts ....5.............. als chronische Lichtschäden. Eigentlich wollen wir nicht wissen, dass diese Flecken entstehen, weil die Oberhaut unregelmäßig verdickt und sich Melanin ansammelt. Es gibt gelblich-braune bis dunkelbraune, winzige ....6.............. erbsengroße und rundliche, ovale und unregelmäßig begrenzte Lentigines. Wir müssen keine Angst haben, dass sie wieder verschwinden, wenn wir unsere Gewohnheiten und unsere Hautpflege nicht ändern. ....7.............. der Winterzeit bleiben sie uns zwar auch erhalten, ...8.............. können etwas blasser werden.

Wer nicht mit seinen Lentigines leben kann und das nötige Kleingeld sowie wertvolle Zeit für die ....9.............. von harmlosen Pigmentflecken investieren möchte, kann eine Lasertherapie, Bleichcremes, Kältebehandlung und chemisches Peeling zu ....10.............. Vernichtung einsetzen.

BEHANDLUNG	ANDERES	WÄHREND	LEUTE	WEIL
HELLHÄUTIGEN	DEREN	WAS	ABER	IHRER
ENTSTEHEN	OBWOHL	UNTERSUCHUNG	BILDEN	BIS

Bitter, aber gesund

„Ich will keine Schokolade, ich will lieber einen Mann", trällerte Schlagersternchen Trude Herr in den 60er Jahren. Wie konsequent war dieser Wunsch? Wollte sie wirklich auf die ....1............... Versuchung in jeglicher Form verzichten? Das hieße ....2............... keinen Schokoladenkuchen, keine heiße Schokolade und keine Schokopralinen! Wer kann ....3............... auf eine solche Köstlichkeit verzichten?

Gesunde Schokolade ist dunkel und bitter. Sie schmeckt zwar nicht jeder Naschkatze*, doch das ist kein Problem. Wir müssen ....4............... nicht mehr als 7 Gramm pro Tag essen, um etwas Gutes für unsere Gesundheit zu tun. Das sind weniger als zwei Stück Schokolade. Der Genuss von ....5............... als 7 Gramm Bitterschokolade gilt als schädlich.

Experten bestätigen, dass Bitterschokolade gesund und wirkungsvoll sein kann. Wenn wir dunkle Schokolade essen, durchblutet das Gehirn besser, der Blutdruck ....6............... sinken und sie hilft, einen Schlaganfall oder Herzinfarkt zu verhindern. Diese gesundheitsfördernde Wirkung kann nur eintreten, wenn wir Schokolade genießen, die einen hohen Kakaoanteil hat, mindestens 70 Prozent. Im Kakao befinden sich sekundäre Pflanzenstoffe, die uns fit machen, die ....7............... Flavanole. Das sind Antioxidantien, die unseren Körper widerstandsfähiger machen.

Forscher haben herausgefunden, dass dunkle Kakaomasse neben einem Anti-Aging-Effekt eine medizinische Wirkung hat. Diabetikerinnen ....8............... besser auf Insulin an und Frauen mit chronischem Erschöpfungssyndrom fühlen sich frischer, wenn sie Bitterschokolade essen. ....9............... wir aber Milch zur Schokolade trinken oder die braune Masse mit Pudding, Eis und ähnlichem mischen, ...10............... wir die gesundheitsfördernden Antioxidantien in der Bitterschokolade.

ugs. für eine Person, die gerne nascht (probiert, kostet)

JA	ZERSTÖREN	UNGESUNDEN	FALLS	MEHR
KANN	NOCH	SPRECHEN	MUSS	VERTRAGEN
WOHL	SOGENANNTEN	NÄMLICH	SÜSSE	DENN

Brillen

Macht eine Brille alt und hässlich? Wenn dem so wäre, dann wären über 40 Millionen der Deutschen alt und hässlich. Diese Zahl ....1.............. das Institut für Demoskopie Allensbach in einer aktuellen Brillenstudie. ....2.............. es brillenähnliche Objekte bereits Mitte des 15. Jahrhunderts gab, wissen Brillen heute genau, wie wir Menschen ticken, ...3.............. sie haben unser Wesen jahrhundertelang studieren können. ....4.............. korrigierten konkav geschliffene Gläser die Kurzsichtigkeit. Inzwischen hat sich die Brillenoptik weiterentwickelt und niemand wundert sich heutzutage über ultradünne, entspiegelte, mehrfach beschichtete und selbsttönende Gläser. ....5.............. die Brillen ihren Siegeszug angetreten haben, ist unser Kopf nicht mehr nur rund, sondern auch oval, eckig, trapezförmig und herzförmig. Auf den Nasen runder Gesichter ....6.............. sich heutzutage Brillenfassungen wohl, die eckig sind und die Augenpartien betonen. Sie lassen das Gesicht etwas schmaler ....7.............. , weil sie es optisch in die Länge ziehen. Kein kleines rundes Brillengestell könnte dies in einem runden Gesicht bewirken. Brillen in Schmetterlingsform können phantastisch aussehen, wenn man einen trapezförmigen Kopf hat. Runde, geschwungene oder randlose Brillenfassungen, die ein Gesicht weichzeichnen, suchen sich Trägerinnen mit eckiger Kopffront. Brillen arbeiten mit vielen Tricks, um das Gesicht harmonischer erscheinen zu lassen. Sie tunen die Fassung mit markanten Bügeln, die hoch angesetzt sind, um das Gesicht breiter wirken zu lassen. Auch die Brillen, die sich herzförmige Gesichtsproportionen aussuchen, sind Styling-Profis und wissen genau, was sie tun. Sie sitzen lässig auf der Nase, betonen die Gesichtslänge und füllen die leicht eingefallenen Wangen optisch auf. Diese Brillenfassungen achten ....8.............. auf ihr Gewicht als auch auf ihre Kurven. Sie sind oval, abgerundet oder rund und ....9.............. immer leicht und zart. Der Aufreißer* unter diesen Brillen zeigt sich allerdings mit kräftigen Bügeln, die tiefer angesetzt sind oder mit einem nach oben geschwungenen Rahmen. Ein ovales Gesicht ist privilegiert, denn in ....10.............. fühlt sich jede Brille wohl.   *ugs. Frauenheld

FRÜHER	SOWOHL	WIRKEN	DENN	SEITDEM
VERÖFFENTLICHTE	SCHRIEB	MEIST	ALS	WEIL
GEGENWÄRTIG	BEVOR	FÜHLEN	IHM	IHR

Das Labor in der Küche

Heute gibt es viele Food Trends, die man ausprobieren kann.

...............1............... der interessantesten Trends heißt Food Pairing. Jede Köchin sollte eine Chemikerin sein und ihr Essen ....2............... wissenschaftlichen Gesichtspunkten abschmecken. Es gibt ....3............... nur Lebensmittel, die sich lieben und gemeinsam eine wundervolle Geschmacksexplosion in unserem Mund verursachen, ...4............... auch andere, die sich nie paaren sollten, weil diese Mischung Ekel und Herpes erzeugen kann.

...............5..............., die schon in der Schule den Chemieunterricht hassten und für die das Umrüsten der Küche zum Labor keine wirkliche Option darstellt, da Reagenzgläser und Bunsenbrenner* nicht zur Designerküche passen würden, sollten Food Pairing nicht ausprobieren. Vielleicht haben Sie aber auch nur einfach keine Lust ....6............... wissenschaftliche Testverfahren. Dann liegt es auf der ....7..............., dass Sie diese komplizierte Arbeit den Fachleuten ....8............... und Sie die Ergebnisse bei einem guten Glas Wein abwarten.

Die Geschichte des Food Pairings ....9............... 1992, als der Parfümeur Benzi die Bekanntschaft des britischen Sternekochs Blumenthal machte. Die beiden Experimentierfreunde wagten sich an mutige Kombinationen von Aromen und entwickelten ....10............... Speisen. Dabei hatten sie unzählige kreative Möglichkeiten, denn es gibt wohl mehr als 10000 Aromen, die man für ein harmonisches Gesamtprodukt benutzen kann. Zu ihren kulinarischen Genüssen gehören Menüs aus Leberpastete und Jasminblüten oder weißer Schokolade und Kaviar. Es wäre bestimmt ein unvergessliches Geschmackserlebnis, diese Kreationen in einem auserlesenen Restaurant zu probieren.

Loborgerät

EINER	SONDERN	ÜBERGEBEN	NACH	BEGANN
DIEJENIGE	ÜBERLASSEN	DIEJENIGEN	AUF	VIEL
STRASSE	AUSSERGEWÖHNLICHE	FÜR	HAND	NICHT

III. Lösungen und Lösungsvorschläge

Seite	Lösungen und Lösungsvorschläge
6 Präpositionen Dativ	**1)** in **2)** an *(sterben an)* **3)** in **4)** von **5)** über *(abwerfen über)* **6)** auf **7)** mit **8)** aus *(retten aus)* **9)** an *(leiden an + innere Sache)* **10)** unter *(der Streit unter)* **11)** zu *(eine Frage zu)* **12)** nach **13)** vor **14)** am **15)** seit **16)** im **17)** an *(leiden an + innere Sache)* **18)** neben **19)** zwischen **20)** bei
7 Präpositionen Dativ	**1)** in **2)** außer *(ausgenommen von)* **3)** unter *(leiden unter + äußere Sache)* **4)** mit *(die Beschäftigung mit)* **5)** zu *(gehören zu)* **6)** *an (leiden an + innere Sache)* **7)** von *(beobachtet von)* **8)** von **9)** seit **10)** aus **11)** zur *(ein Beitrag zu)* **12)** von *(der Geruch von)* **13)** aus *(herstellen aus)* **14)** aus *(herstellen aus)* **15)** mit *(aufhören mit)* **16)** im **17)** an **18)** seit **19)** in
8 Präpositionen Dativ	**1)** vor *(die Angst vor)* **2)** auf *(beruhen auf)* **3)** an *(die Nachfrage an)* **4)** bei *(sich bedanken bei)* **5)** mit *(sich bedanken mit)* **6)** zu *(entschließen zu)* **7)** zu *(führen zu)* **8)** an *(liegen an)* **9)** mit *(einverstanden mit)* **10)** mit *(die Beschäftigung mit)* **11)** von *(sich unterscheiden von)* **12)** mit *(warnen mit)* **13)** auf *(beruhen auf)* **14)** auf **15)** zur *(zu der/ der Beschluss zu)* **16)** zum **17)** im **18)** mit *(beitragen mit)* **19)** zum *(beitragen zu)* **20)** an *(schuld an)*
9 Präpositionen Akkusativ	**1)** ohne *(auskommen ohne)* **2)** in *(Wohin?)* **3)** um *(sich reißen um)* **4)** für *(der Schutz für)* **5)** für *(ein Tag für)* **6)** gegen *(der Kampf gegen)* **7)** in *(Wohin?)* **8)** für *(sich entscheiden für)* **9)** über *(sich freuen über / Das Angebot ist jetzt.)* oder auf *(sich freuen auf / Das Angebot liegt in der Zukunft.)* **10)** an *(denken an)* **11)** ohne **12)** in *(investieren in)* **13)** auf *(verlassen auf)* **14)** über **15)** auf *(sich auswirken auf)* **16)** gegen *(der Protest gegen)* **17)** durch *(erzielen durch)* **18)** um *(es geht um)*
10 Präpositionen Akkusativ	**1)** für *(sich interessieren für)* **2)** in *(geraten in)* **3)** durch *(sich befreien durch)* **4)** gegen **5)** bis *(Wohin?)* **6)** für *(sprechen für)* **7)** auf *(in Hinblick auf)* **8)** auf *(sich beziehen auf)* **9)** durch *(schützen durch)* **10)** in *(Wohin?)* **11)** in *(Wohin?)* **12)** durch **13)** für *(köstlich für)* **14)** ohne **15)** über *(sich beschweren über)* **16)** über *(sich empören über)* **17)** für *(werben für)* **18)** für *(bekannt für)* **19)** für **20)** ohne *(der Kauf ohne)* **21)** an *(Wohin?)* **22)** auf *(der Stolz auf)*
11 Präpositionen Akkusativ	**1)** für *(die Idee für)* **2)** an *(sich anpassen an)* **3)** für **4)** auf *(in Bezug auf)* **5)** auf *(ankommen auf)* **6)** auf *(achten auf)* **7)** auf *(wütend auf)* **8)** über *(sich beschweren über)* **9)** für *(der Grund für)* **10)** über *(verärgert über)* **11)** in *(Wohin?)* **12)** auf *(stolz auf)* **13)** an *(glauben an)* **14)** ohne **15)** für *(verantwortlich für)* **16)** für *(prägend für)* **17)** auf *(ankommen auf)* **18)** über *(entscheiden über)*
12 Präpositionen Genitiv	**1)** bezüglich **2)** während **3)** anhand **4)** wegen **5)** anstelle **6)** anlässlich/ während **7)** trotz **8)** unweit **9)** laut **10)** unterhalb **11)** trotz **12)** während **13)** anstelle **14)** laut
13 Präpositionen Genitiv	**1)** aufgrund **2)** dank/ aufgrund **3)** und **4)** innerhalb/ außerhalb **5)** südlich/ abseits **6)** angesichts **7)** zwecks **8)** beiderseits/ abseits **9)** abseits **10)** dank/ aufgrund **11)** außerhalb **12)** angesichts **13)** jenseits **14)** beiderseits **15)** außerhalb
14 Präpositionen Genitiv	**1)** zugunsten **2)** infolge/ aufgrund **3)** infolge/ aufgrund **4)** abseits **5)** inmitten/ abseits **6)** statt *(anstatt)* **7)** abseits **8)** inmitten/ abseits **9)** innerhalb **10)** dank/ aufgrund **11)** mithilfe **12)** jenseits **13)** mithilfe/ dank **14)** infolge/ aufgrund **15)** inmitten **16)** abseits **17)** dank
15 Präpositionen Genitiv	**1)** wegen/ aufgrund/ infolge **2)** innerhalb **3)** inmitten/ innerhalb **4)** innerhalb **5)** innerhalb/ innerhalb **6)** anstatt/ statt/ anstelle **7)** infolge/ wegen/ aufgrund **8)** anstelle/ anstatt/ statt **9)** bezüglich/ hinsichtlich **10)** innerhalb/ inmitten **11)** angesichts/ aufgrund/ infolge **12)** zwecks **13)** dank/ aufgrund **14)** innerhalb **15)** innerhalb **16)** seitens **17)** bezüglich/ hinsichtlich

16 Präpositionen Mix	**1)** auf *(reagieren auf)* **2)** auf *(in Bezug auf)* **3)** laut/ nach **4)** für *(verantwortlich für)* **5)** auf *(aufmerksam machen auf)* **6)** mit **7)** über **8)** für *(sich interessieren für)* **9)** auf *(Wo?)* **10)** von *(träumen von)* **11)** an *(das Angebot an)* **12)** von **13)** bis **14)** im *(Unterschiede in)* **15)** über *(staunen über)* **16)** zu *(gehören zu)* **17)** nach *(sich sehnen nach)* **18)** beim **19)** während
17 Modal- adverbien	**1)** glücklicherweise **2)** besonders/ echt **3)** leider **4)** besonders **5)** echt **6)** kaum **7)** hoffentlich **8)** dummerweise/ leider **9)** möglicherweise/ vielleicht **10)** natürlich **11)** leider **12)** gern **13)** am liebsten **14)** gern **15)** eventuell/ möglicherweise/ vielleicht
18 Modal- adverbien	**1)** echt **2)** total **3)** überhaupt nicht **4)** ungewöhnlich **5)** wahrscheinlich/ zweifellos **6)** hoffentlich **7)** echt/ total **8)** zweifellos/ tatsächlich **9)** leider **10)** wahrscheinlich **11)** gern **12)** tatsächlich **13)** gern **14)** wahrscheinlich/ tatsächlich/ leider **15)** kaum **16)** eigentlich **17)** zweifellos/ tatsächlich **18)** kaum
19 Modal- adverbien	**1)** unwahrscheinlich/ bestimmt **2)** bedauerlicherweise **3)** überhaupt **4)** am liebsten **5)** außerdem **6)** eher **7)** sogar **8)** wenigstens **9)** jedoch/ allerdings/ bedauerlicherweise **10)** bestimmt/ größtenteils **11)** sogar **12)** am liebsten **13)** jedoch/ allerdings **14)** größtenteils
20 Temporal- adverbien	**1)** eben **2)** neulich **3)** vorhin/ neulich/ eben **4)** einmal **5)** nun **6)** heutzutage **7)** demnächst/ bald **8)** bald/ nun/ demnächst **9)** gleich **10)** vorher **11)** noch **12)** schon **13)** heutzutage **14)** neulich/ einmal **15)** nun/ schon
21 Kausal- adverbien	**1)** ansonsten **2)** keinesfalls **3)** daher/ darum/ deswegen **4)** darum/ demzufolge/ deswegen **5)** ansonsten **6)** nämlich **7)** deswegen/ darum/ demzufolge **8)** trotzdem/ dennoch **9)** ansonsten **10)** keinesfalls **11)** darum **12)** dennoch/ trotzdem **13)** also/ demzufolge **14)** dennoch/ trotzdem **15)** nämlich
22 Pronominal- adverbien	**1)** darüber/ hierüber *(diskutieren über)* **2)** darauf *(sich freuen auf)* **3)** davon *(betroffen von)* **4)** daran *(teilnehmen an)* **5)** dafür *(benötigen für)* **6)** darüber/ hierüber *(berichten über)* **7)** davon *(die Finger lassen von)* **8)** davor *(Angst vor)* **9)** daran *(ändern an)* **10)** damit *(unterwegs mit)* **11)** davon *(wissen von)*
23 Adverbien Mix	**1)** darum/ deshalb/ deswegen/ folglich/ demzufolge **2)** demnächst/ bald/ morgen **3)** ansonsten/ sonst **4)** vielleicht/ vermutlich/ wahrscheinlich **5)** deshalb/ deswegen/ darum/ folglich **6)** darum/ deswegen/ deshalb **7)** allerdings/ aber **8)** demzufolge/ folglich **9)** möglicherweise/ vermutlich/ leider/ vielleicht/ eventuell/ wahrscheinlich **10)** äußerst/ extrem/ besonders/ vergleichsweise/ ausgesprochen **11)** leider/ bedauerlicherweise **12)** sicherlich/ anscheinend/ vermutlich/ bestimmt **13)** deshalb/ darum/ deswegen **14)** lieber/ unbedingt **15)** sofort/ gleich/ lieber **16)** tagsüber/ extrem/ sehr/ total **17)** lieber/ unbedingt
24 Adverbien Mix	**1)** vermutlich/ wahrscheinlich/ vielleicht **2)** übrigens **3)** früher **4)** heute/ jetzt/ heutzutage **5)** darin *(baden in)* **6)** davon *(ausgehen von)* **7)** dahinter *(stecken hinter)* **8)** besonders/ sehr / wirklich **9)** gern/ am liebsten **10)** manchmal/ häufig/ oft **11)** größtenteils/ meist/ oft **12)** drinnen/ hier/ dort **13)** ausnahmsweise **14)** eigentlich/ wahrscheinlich/ vielmehr **15)** dennoch/ allerdings/ jedoch **16)** bestimmt/ wahrscheinlich/ sicherlich/natürlich
25 Modalpartikel	**1)** aber *(bewundernd)* **2)** bloß *(warnend/ auffordernd)* **3)** denn/ eigentlich *(interessiert/ nur bei Fragen)* **4)** schon/ wohl *(überzeugt)* **5)** ruhig/ eigentlich *(ermunternd/ vorschlagend)* **6)** nur *(beruhigend)*

	7) ruhig/ eigentlich *(ermunternd/ erlaubend)* **8)** nur *(anteilnehmend)* **9)** doch/ mal *(freundlich auffordernd)* **10)** ja/ wohl/ eh *(nicht überrascht)* **11)** denn/ eigentlich *(negativ überrascht/ nur bei Fragen/ freundlicher)* **12)** denn/ eigentlich *(interessiert)* **13)** einfach *(kritisierend)* **14)** halt/ eben *(allgemein bestätigend)* **15)** denn/ etwa *(verwundert/ überrascht)* **16)** eh/ ja *(bestätigend)* **17)** doch/ aber *(freundlich auffordernd)*
26 Modalpartikel	**1)** denn/ eigentlich *(interessiert/ freundlicher – „eigentlich" auch bei Fragen, die freundlich das Thema wechseln)* **2)** ja *(eine Selbstverständlichkeit bestätigend)* **3)** ruhig/ schon/ einfach *(ermunternd)* **4)** schon/ denn/ eigentlich *(interessiert/ ermunternd)* **5)** doch *(kritisch)* <u>oder</u> wohl *(vermutend)* **6)** doch/ mal *(auffordernd)* **7)** nur/ bloß *(einschränkend)* **8)** ja *(bestätigend)* **9)** aber *(kritisch)* <u>oder</u> wohl *(Synonym für wahrscheinlich)* **(10)** eigentlich *(interessiert)* **11)** halt/ eben *(bestätigend)* **12)** bloß/ nur *(warnend)* **13)** halt/ eben *(bestätigend)* **14)** ja *(überrascht)* **15)** doch *(empört)* <u>oder</u> ja *(eine Tatsache anerkennend)* **16)** ruhig/ einfach *(ermunternd)* **17)** nur/ bloß *(Synonym für unwichtig)* **18)** einfach *(ohne Probleme, vertrauend)*
27 Mehrteilige Konjunktionen	**1)** sowohl - als auch *(verbindet Satzglieder/ Aufzählung)* **2)** weder - noch *(neg. Aufzählung)* **3)** entweder - oder *(Alternative)* **4)** so - wie *(Vergleich)* **5)** zwar - aber *(Einschränkung)* **6)** sowohl - als auch *(verbindet Satzglieder/ Aufzählung)* **7)** je - desto *(proportionales Verhältnis/ mit Komparativ!)* **8)** zwar - aber *(Aufzählung mit Einschränkung)* <u>oder</u> einerseits - andererseits *(Gegenüberstellung)* **9)** nicht nur - sondern auch *(verbinden Teilsätze/ Aufzählung/ Hervorhebung eines Aspekts)* **10)** nicht nur - sondern auch *(verbinden Teilsätze/ Aufzählung/ Hervorhebung eines Aspekts)* **11)** je - desto *(proportionales Verhältnis/ mit Komparativ)*
28 Konjunktionen Mix	**1)** damit *(final)* **2)** <u>und</u> **3)** nicht nur - sondern auch *(verbinden Teilsätze/ Aufzählung/ Hervorhebung eines Aspekts)* **4)** dass **5)** wenn *(konditional)* **6)** <u>und</u> **7)** nicht nur - sondern auch *(verbinden Teilsätze/ Aufzählung/ Hervorhebung eines Aspekts)* <u>oder</u> einerseits - andererseits *(Gegenüberstellung)* **8)** je *(je - desto / je - umso/ proportionales Verhältnis/ mit Komparativ!)* **9)** <u>und</u> **10)** einerseits - andererseits *(Gegenüberstellung)* **11)** sondern *(nicht mehr - sondern/ Gegensatz)* **12)** damit *(final)* **13)** <u>und</u> **14)** je - desto/ je - umso *(proportionales Verhältnis/ mit Komparativ!)* **15)** wenn *(temporal/ immer wenn)* **16)** damit *(final)* **17)** <u>und</u> **18)** zwar - aber *(Aufzählung mit Einschränkung)* **19)** <u>und</u> **20)** weder - noch *(neg. Aufzählung)* **21)** bevor **22)** nachdem
29 Relativ- pronomen	**1)** der *(<u>Er</u> wurde als Musiker berühmt./ Nom.)* **2)** denen *(<u>Den Kindern</u> würde eine Schule zu Hause viel besser gefallen./ Dativ)* **3)** die *(<u>Die Regeln</u> erlauben einen Privatunterricht daheim nur im Ausnahmefall./ Nom.)* **4)** wer *(wer = derjenige, der/ <u>Wer</u> keine Zeit zum Lernen hat/ Nom.)* **5)** denen *(<u>Den</u> Menschen ist alles egal./ Dativ)* **6)** die *(<u>Die Menschen</u> gehen gleichgültig durchs Leben./ Nom.)* **7)** wem *(wem = demjenigen, dem/ <u>Wem</u> die empfohlenen Aufgaben zu schwierig sind/ Dativ)* **8)** dessen *(Der Umfang <u>des Antrages</u> beträgt übrigens zehn Seiten./ Genitiv)* **9)** was *(bezieht sich auf <u>etwas</u>)* **10)** wessen *(Diejenige, <u>dessen</u> Arbeitsschuhe kaputt sind/ Genitiv)* **11)** was *(bezieht sich auf <u>das Schönste</u>)* **12)** dem *(Die Tasche gehört WEM ?/wem = <u>derjenige, dem</u>/ Dativ)* **13)** der *(WER erreicht zuerst das Ziel?/ wer = <u>derjenige, der</u>/ Nom.)* **14)** was *(bezieht sich auf <u>das</u>)* **15)** deren *(Der Ruf <u>der Firma</u> ist durch den Umweltskandal beschädigt worden./Genitiv)* **16)** der *(<u>Der Kinderwagen</u> wurde aus unbedenklichen Naturmaterialien hergestellt./ Nom.)* **17)** was *(bezieht sich auf <u>nichts</u>)* **18** dem *(In <u>dem Zelt</u> haben vier Personen Platz./ Dativ)*

30 Relativ-pronomen	**1)** die (*Diejenigen* möchte an der Weiterbildung teilnehmen./Plural/ Nom.) **2)** wer (wer = derjenige, der/ *Wer* kein Vertrauen in meine Arbeit hat/ Nom.) **3)** dessen (Die Musik *des Musikproduzenten* ist sowohl einzigartig als auch erfolgreich./ Genitiv) **4)** den (Wir kämpfen gegen *den schlechten Ruf* unseres Hotels an./ Akk.) **5)** was (bezieht sich auf *das Schlimmste*) **6)** deren (Der Geschmack *der Avocado* ist nussig./ Genitiv) **7)** dessen (Die Erfindung *des Flugzeuges* 1903 ließ den Traum der Menschen vom Fliegen Wirklichkeit werden./ Genitiv) **8)** der (*Wer* das Leben liebt./ Nom.) **9)** denen (Wir begegnen durch Zufall *den Menschen*./ Dativ) **10)** wessen (wessen = diejenigen, dessen/ Das Selbstbewusstsein *derjenigen* ist schwach./ Genitiv) **11)** was (bezieht sich auf *das*) **12)** dessen (Das Lebensziel *des Menschen* ist/ Genitiv) **13)** dem (Er brachte *dem alten Ehepaar* eine Flasche Champagner an den Tisch./ Dativ) **14)** der (*Mit der* Bürolandschaft lassen sich Betriebskosten sparen./ Dativ) **15)** denen (*Mit den Problemen* muss sich ein Arbeitsteam auseinandersetzen./Dativ)
31 Relativ-pronomen Mix	**1)** wer (wer = derjenige, der/ Nom.) **2)** die (*Diejenigen* sind unter 18 Jahre./Nom./ Plural) **3)** deren (Das Alter *aller* liegt unter 18./ Genitiv/ Plural) **4)** die (*Alle Sportler* sind unter 18 Jahre./ Nom.) **5)** wessen (wessen = diejenigen, dessen/ Das Alter *derjenigen* liegt unter 18./Genitiv/ Plural) **6)** die (*Diejenige* ist noch nicht 18 Jahre alt./ Nom.) **7)** deren (Das Alter *der Menschen* liegt unter 18 liegt./ Genitiv) **8)** deren (In dem Ausweis *der Person* steht ein Alter unter 18./ Genitiv) **9)** deren (Das Alter *der Frau* ist unter 18./ Genitiv) **10)** denen (Bei *den Personen* steht ein Alter unter 18 im Ausweis./ Dativ) **11)** deren (Das Ziel *der Sportlerin* ist die Teilnahme an dem Sportwettkampf./ Genitiv) **12)** die (Die Personen sind noch nicht 18 Jahre alt./ Nom.) **13)** der (*Derjenige* ist noch nicht 18 Jahre alt./ Nom.) **14)** dessen (Das Alter *niemands* ist über 18. *oder Sein* Alter ist über 18./ niemand = 3. Person Sgl./ Genitiv) **15)** das (*Das Alter* überschreitet nicht die 18./ Nom.) **16)** dessen (Im Ausweis *des Sportlers* steht ein Alter unter 18./ Genitiv) **17)** der (Der Sportler darf daran teilnehmen./ Nom). **18)** der (Von *der Sportlerin* wissen wir/ Dativ) **19)** dem (Von *dem Sportler* haben wir einen Altersnachweisunter 18./ Dativ) **20)** das (*Das Alter* liegt unter 18./ Nom.) **21)** die (*Die Sportler und Sportlerinnen* dürfen daran teilnehmen./ Nom.) **22)** dessen (Es ist der Wunsch *jedes Sportlers*./ Genitiv) **23)** wer (wer = derjenige, der/ Nom.)
34 Hybrid-Food	**1)** nichts (*nichts* Besonderes) **2)** was (bezieht sich auf *etwas*) **3)** sodass (konsekutiv) **4)** natürlich (Gewissheit/ Synonym für sicher) **5)** den (Der New Yorker Dominique Ansel kreierte *den Cronat. /Akk.*) **6)** worden (sie seien gekreuzt worden = 3. P. Plural, Konjunktiv I, Vergangenheit, Passiv) **7)** sollten (Konjunktiv II, Ratschlag) **8)** vielleicht (Unsicherheit) **9)** bald (Zeit) **10)** wäre (Konjunktiv II, Vorstellung)
35 Sich abhärten	**1)** allerdings (Einschränkung) **2)** aufgrund (kausal/ aufgrund *des Winters*, Präp. mit Genitiv) **3)** bereits (für Goethe nicht neu/ Synonym für schon) **4)** eher (subjektive Beurteilung/ eher nichts = unwahrscheinlicher) **5)** ein (*einschätzen*) **6)** denn (kausal/ Hauptsatzstruktur: denn der Wechsel *schockt /* finites Verb an zweiter Stelle) **7)** es (*Es gibt auch andere Möglichkeiten/ Subjekt/ Nom.*) **8)** als auch (sowohl - als auch) **9)** werden (sie werden erwartet) **10)** *auf* (auf der Hand liegen)
36 Lebenslanges Lernen	**1)** damit (anfangen *mit* dem Lernen) **2)** alles **3)** um (um zu / final) **4)** sei (bezieht sich auf Roßnagel/ Konjunktiv I) **5)** mithalten (Modalverb braucht Infinitiv/ sie können mithalten) **6)** habe (bezieht sich auf die Studie/ Konjunktiv I) **7)** weil (kausal) **8)** sich **9)** doch (Konjunktion/ Synonym für aber) **10)** zumindest (Synonym für wenigstens/ für eine kleine Menge zutreffend)

37 Ein schwerer Weg	**1)** Moment **2)** nach *(suchen nach)* **3)** zu *(der Weg zu)* **4)** nur *(Synonym für lediglich, nicht weiter als/ ohne Probleme)* **5)** wären *(Vorstellung/ Konjunktiv II)* **6)** aufzuhören *(um zu)* **7)** demzufolge/ deshalb *(konsekutiv/ kausal)* **8)** deshalb/ demzufolge *(kausal/ konsekutiv)* **9)** selten **10)** ohne dass *(modal)*
38 Schoko-träume	**1)** denen *(In den Momenten haben wir uns happy und geborgen gefühlt./ Dativ/ Plural)* **2)** tut *(guttun)* **3)** wenn *(temporal/ immer wenn)* **4)** wird *(Passiv)* **5)** aus *(Aus dem Stoff sind Träume./ Dativ)* **6)** wirklich *(sehr sicher)* **7)** Märchen **8)** haben *(sie haben isoliert)* **9)** beugt *(vorbeugen)* **10)** Stoff
39 Gesunde Körnerfrüchte	**1)** deren *(Die Bedeutung der Food-Trends sollten wir nicht überbewerten./ Genitiv)* **2)** zu *(gehören zu)* **3)** schon *(nicht zum ersten Mal)* **4)** doch *(Konjunktion/ Synonym für aber/ Hauptsatzstruktur/ finites Verb an zweiter Stelle)* **5)** obwohl *(konzessiv)* **6)** wertvolles **7)** bedenkenlos **8)** punkten *(punkten mit)* **9)** der *(Jemand mag Couscous und Quinoa./ Nom.)* **10)** leider *(bedauernd)*
40 Der nächste Winter	**1)** wiegen *(Modalverb braucht Infinitiv/ wir sollten wiegen)* **2)** Tradition **3)** schneller **4)** befand *(wer = 3. P. Sgl.)* **5)** total **6)** gegen *(helfen gegen)* **7)** darum *(kausal)* **8)** auch *(auch dann, wenn = selbst wenn / konditional/ betont eine nicht ausreichende Bedingung)* **9)** manche **10)** aus *(aussehen)*
41 Was Schuhe erzählen	**1)** zum **2)** davon **3)** zugunsten *(zum Vorteil von/ zugunsten)* **4)** glauben **5)** durch *(unterstreichen durch)* **6)** nach **7)** anhand **8)** würden *(bezieht sich auf die Meinung der Forscher/ Konjunktiv II, sie würden haben)* **9)** Träger **10)** ob *(ob bei indirekter Frage)*
42 Handtaschen	**1)** als *(längerer Zeitraum in der Vergangenheit)* **2)** das *(Das Täschchen war verziert./ Nom.)* **3)** Exemplar **4)** wenn *(konditional)* **5)** dort *(in den aufgesetzten Taschen)* **6)** an *(antreten)* **7)** erforscht **8)** würden **9)** gefertigt *(sie wurde gefertigt/ Passiv)* **10)** trotz *(konzessiv/ trotz)*
43 Einmischen verboten	**1)** ausgibt *(ausgeben)* **2)** wieder **3)** mit *(klarkommen mit)* **4)** indem *(modal)* **5)** davon *(von der Erziehung)* **6)** werden *(sie werden eingeweiht/ Passiv)* **7)** allerdings *(Einschränkung)* **8)** Verzweiflung **9)** in dem *(In dem Moment wird Oma um Rat gefragt./ Dativ)* **10)** entspannt
44 Kälte	**1)** vor *(erschrecken vor + Dativ)* **2)** liegt **3)** jedoch *(Gegensatz)* **4)** als *(einmalig)* **5)** dann *(temporal)* **6)** ziehen *(einziehen)* **7)** aus *(aussehen)* **8)** Laufsteg **9)** überall *(lokal)* **10)** dank *(+ Genitiv)*
45 Essen	**1)** außerhalb *(+ Genitiv/ lokal)* **2)** ernähren **3)** Auswirkungen **4)** ob *(bei indirekter Frage)* **5)** lassen *(lassen + Infinitiv = um etwas zu veranlassen)* **6)** andererseits *(einerseits - andererseits)* **7)** beim *(bei dem Essen)* **8)** dann *(wenn- dann)* **9)** wohl *(Gewissheit)* **10)** denn *(kausal))*
46 Ungesunde Schokolade	**1)** Schokoriegel **2)** davon *(ausgehen von)* **3)** zwar *(zwar - aber)* **4)** weil *(kausal)* **5)** wirklich *(verstärkend/ sehr)* **6)** würden *(würden sein/Annahme/ Konjunktiv II)* **7)** um *(um zu)* **8)** befriedigenden **9)** kann *(kann sorgen/ Modalverb braucht Infinitiv)* **10)** wohlschmeckendes *(das Mittel/ Akk.)*
47 Rauchen	**1)** am *(vorbeikommen am)* **2)** deren *(Zwischen die Lippen der Menschen drängelte sich nie ein Glimmstängel./ Genitiv/ Plural)* **3)** zur *(die Beziehung zu)* **4)** geschworen *(schwören)* **5)** daran *(liegen an dem Geruch)* **6)** extrem *(verstärkend/ sehr)* **7)** der *(Genitiv)* **8)** es *(Subjekt)* **9)** plötzlich *(unerwartet/ von einem Moment zum anderen)* **10)** man
48 Ohne Sport	**1)** trotzdem *(konzessiv/ trotz dieses Umstandes/ Synonym für dennoch)* **2)** außerdem *(zusätzlich)* **3)** immerhin *(einschränkend/ anerkennend/ Synonym für wenigstens)* **4)** Durst **5)** bis **6)** dabei *(verlieren bei dem Umstellen der Möbel)* **7)** wenn *(konditional)* **8)** einen *(Man hat einen Hund./ Akk.)* **9)** während *(+ Genitiv/ temporal)* **10)** sowie *(Synonym für und)*

49 Brief an Jonas	**1)** puren *(Synonym für reinen)* **2)** war **3)** hoch *(sehr motiviert)* **4)** als *(einmalig)* **5)** darauf *(temporal/ Synonym für danach)* **6)** versuchen *(versuchen mit + Dativ)* **7)** zu *(zuhalten)* **8)** Schlimmes **9)** würde *(würde interessieren/Annahme/ Konjunktiv II)* **10)** deren *(Der Saft der Frucht hat auch viele Vitamine./ Genitiv)*
50 Strategien für Großeltern	**1)** werden **2)** wenn *(konditional)* **3)** als *(Präp.)* **4)** über *(entscheiden über)* **5)** sein *(man möchte sein)* **6)** Erkenntnis **7)** ganz **8)** selbst gemalte **9)** gebe *(indirekte Rede/ Konjunktiv I)* **10)** verkörpert *(Synonym für darstellt)*
51 Lentigines solares	**1)** bilden *(sich bilden auf + Dativ)* **2)** Hellhäutigen *(Plural)* **3)** was *(bezieht sich auf vieles)* **4)** obwohl *(konzessiv)* **5)** anderes **6)** bis **7)** während *(+ Genitiv/ temporal)* **8)** aber *(zwar - aber)* **9)** Behandlung **10)** ihrer *(einsetzen zu)*
52 Bitter, aber gesund	**1)** süße **2)** ja *(eine Tatsache bestätigend)* **3)** denn interessiert) **4)** nämlich *(näher erläuternd/ genauer gesagt)* **5)** mehr *(mehr als/ Komparativ)* **6)** kann *(kann sinken)* **7)** sogenannten **8)** sprechen *(ansprechen auf./ Synonym für reagieren auf)* **9)** falls *(konditional/ Nebensatzstruktur/ Synonym für wenn)* **10)** zerstören
53 Brillen	**1)** veröffentlichte **2)** weil *(kausal)* **3)** denn *(kausal)* **4)** früher **5)** seitdem *(temporal)* **6)** fühlen **7)** wirken **8)** sowohl *(sowohl - als auch)* **9)** meist *(Synonym für fast immer)* **10)** ihm *(in dem Gesicht)*
54 Das Labor in der Küche	**1)** einer *(ein Trend der interessantesten Trends)* **2)** nach *(abschmecken nach)* **3)** nicht *(nicht nur - sondern auch)* **4)** sondern *(nicht nur - sondern auch)* **5)** diejenigen *(Plural)* **6)** auf *(Lust auf + Akk.)* **7)** Hand *(auf der Hand liegen)* **8)** überlassen **9)** begann **10)** außergewöhnliche